W0468773

un plat, c'est tout !

80 plats uniques
et leurs desserts

Ouvrage publié sous la direction de Laure Paoli

Par les mêmes auteurs :
Les Jules aux fourneaux, 2000

Tous droits réservés
© Éditions Albin Michel, 2005

Charles-Henry de Valbray
Christian de Rivière

un plat, c'est tout !

80 plats uniques et leurs desserts

Albin Michel

Table des recettes

Veau

Volaille

Poisson

TERROIR

Œuf

Agneau

Bœuf

Porc

Veau

Volaille

L'intro des Jules

Les années passent et nous, les Jules, sommes toujours aux fourneaux... Mais, il faut l'avouer, d'une manière un peu différente : nos vies ont bien changé depuis l'aventure du premier livre, nous voici désormais tous deux mariés et en charge de petits julots : Baptiste, Diego et Arthus.

Nous avons eu envie de vous proposer ce livre qui reflète la tendance de nos nouvelles vies où il faut se partager entre le boulot, les julots et leurs mamans ! Nous n'avons pas pour autant oublié nos fourneaux qui nous tiennent toujours à cœur... Et surtout nous sommes portés par le même plaisir de recevoir nos copains autour de bons petits plats mitonnés.

Alors, comme nous, simplifiez-vous la vie ! N'hésitez pas à organiser des dîners ; commencez par prendre le temps d'un bon apéro, histoire d'attendre les inévitables retardataires...

Pas de panique ! Le dîner mijote et les saveurs se lient, car voici le retour en force des plats uniques et du doux fumet qui s'exhale de la cuisine.

Autrefois, d'odorants mélanges, plats d'hiver par excellence, mitonnaient dans l'âtre la journée durant... Ils sont aujourd'hui de toutes les saisons et de tous nos dîners.

Que ce soit dans la marmite, la cocotte ou le faitout, tout a été préparé à l'avance et se maintiendra au chaud le temps qu'il faudra. Plus de sauce à préparer à la dernière minute, ni d'assiettes individuelles à dresser.

Légumes et viandes sont souvent cuits dans le même plat et passent directement des fourneaux à la table. La cuisson consiste la plupart du temps en un simple mijotage à feu doux, sans surveillance. Et si, à la fin du dîner, par le plus grand des hasards, vous avez des restes, une petite barquette au congélateur permettra à l'empoté(e) des fourneaux qui partage votre existence de revivre ce moment savoureux sans se compliquer la vie. En effet, les plats uniques se réchauffent à merveille et sont à chaque fois un fabuleux recommencement.

Bref, qu'il soit du terroir ou d'ailleurs, gratiné ou mitonné, le plat unique est lui-même un tout et c'est aujourd'hui une merveilleuse option pour recevoir sans trop se ruiner ni ajouter de fatigue au rythme de nos vies trépidantes. Alors, c'est décidé, zappons désormais l'entrée et organisons fêtes et dîners !

Les Jules aux fourneaux,

Charles-Henry de Valbray

Christian de Rivière

ailleurs

Irish stew au confit de chou

Pour 8 personnes

- *1, 5 kg d'agneau (gigot ou épaule)*
- *1, 5 kg de pommes de terre*
- *50 cl de Guinness (bière brune)*
- *5 gros oignons*
- *2 feuilles de laurier*
- *2 cuil. à café de thym*
- *50 g de beurre*
- *Sel, poivre du moulin*

Pour le confit de chou :

- *2 choux rouges moyens*
- *4 cuil. à soupe d'huile neutre*
- *2 barquettes de lardons fumés*
- *50 cl de Guinness (bière brune)*
- *3 gros oignons*
- *4 gousses d'ail*
- *8 baies de genièvre*
- *Sel, poivre du moulin*

Préparation : 20 min

Cuisson : 2 h

coteaux-du-languedoc

Préparer l'irish stew : peler, émincer les pommes de terre et les oignons.

Couper la viande en gros dés.

Bien beurrer la cocotte. Aménager une première couche avec la moitié des pommes de terre et la moitié des oignons. Ajouter la viande, saler et poivrer et parsemer de thym et de feuilles de laurier hachées.

Ajouter une deuxième couche d'oignons, puis disposer les pommes de terre par-dessus. Déposer quelques noisettes de beurre.

Arroser avec 50 cl de bière. Il faut que le liquide arrive au ras des pommes de terre. Si besoin, ajouter un peu d'eau pour compléter.

Mettre sur feu vif jusqu'à ébullition, puis réduire le feu et laisser mijoter pendant 2 h à couvert.

Préchauffer le four à 180 °C (th. 6).

Préparer le confit de chou : peler, émincer les oignons et les gousses d'ail. Laver et émincer les choux rouges. Dans une autre cocotte, faire chauffer l'huile et y faire revenir les oignons ainsi que l'ail pendant 5 min.

Ajouter les lamelles de chou ainsi que les lardons, les baies de genièvre écrasées et la bière restante.

Saler, poivrer et mettre au four pour 1 h de cuisson en recouvrant de papier aluminium.

Surveiller la cuisson et mélanger de temps en temps l'ensemble pour que le chou cuise uniformément. Si cela dessèche, ajouter un peu d'eau.

Servir l'irish stew bien chaud accompagné du confit de chou.

Poires épicées pochées au pommeau, p. 140

EN DESSERT

Croustillants aux marshmallows, p. 127

Koucha d'agneau aux olives

Pour 8 personnes

- 1 kg de gigot d'agneau dégraissé et désossé
- 2 kg de pommes de terre
- 40 olives violettes
- 40 g de gingembre frais
- 3 oignons
- 2 citrons (jus)
- 1/2 bouquet de persil plat
- 15 cl d'huile d'olive
- 1 cuil. à soupe de curcuma
- Sel, poivre du moulin

Préparation : 20 min

Cuisson : 1 h 20

patrimonio (Corse) ou côtes-de-blaye (Bordelais)

Éplucher les pommes de terre et les couper en rondelles de 1 cm d'épaisseur.

Découper la viande en dés de 3 cm de côté.

Verser viande et rondelles de pommes de terre dans un grand saladier, puis saler, poivrer et saupoudrer de curcuma. Mélanger.

Éplucher et hacher les oignons. Éplucher et râper le gingembre. Presser les citrons. Laver et hacher le persil.

Préchauffer le four à 180 °C (th. 6).

Verser l'huile d'olive dans une cocotte, ranger la viande et les pommes de terre en intercalant les oignons hachés et le gingembre râpé.

Mouiller d'eau jusqu'à couvrir l'ensemble et arroser avec le jus des citrons.

Couvrir la cocotte et démarrer la cuisson sur le feu pendant 15 min en laissant bouillir doucement.

Enfourner ensuite pour 1 h de cuisson.

Sortir la cocotte, ajouter les olives et prolonger la cuisson de 5 min au four.

Servir dans la cocotte parsemé de persil haché.

Tarte meringuée aux groseilles, p. 143

EN DESSERT

Sorbet à la framboise

Le conseil des Jules

- Il faut utiliser des pommes de terre à chair tendre et qui tiennent à la cuisson : des bintje par exemple.

Curry d'agneau madras au lait de coco

Pour 8 personnes

- 1,6 kg de gigot d'agneau désossé
- 600 g de tomates concassées en boîte
- 4 pommes
- 2 bananes
- 3 oignons
- 3 gousses d'ail
- 1/2 bouquet de coriandre fraîche
- 50 g d'amandes effilées
- 40 cl de lait de coco en boîte
- 2 cuil. à soupe de crème fraîche
- 1 cube de bouillon pour pot-au-feu
- 2 cuil. à soupe de curry en poudre
- 2 clous de girofle
- 5 cuil. à soupe d'huile d'olive
- Sel, poivre du moulin

Préparation : 25 min

Cuisson : 1 h 15

savigny-lès-beaune (Bourgogne)

Découper la viande en cubes de 3 à 4 cm de côté.

Éplucher et hacher les oignons. Peler les gousses d'ail et les passer au presse-ail.

Verser l'huile d'olive dans une cocotte et y faire dorer la viande sur toutes ses faces, puis réserver.

Mettre les oignons hachés dans la cocotte afin de les faire fondre 5 ou 6 min en remuant souvent. Ajouter ensuite les tomates concassées, l'ail pressé et le curry puis laisser cuire 5 min à feu moyen.

Pendant ce temps, éplucher 2 pommes puis les râper finement. Les incorporer à la préparation et prolonger la cuisson 5 min.

Remettre alors la viande, verser le lait de coco, le cube de bouillon, les clous de girofle et 30 cl d'eau bouillante. Saler et poivrer légèrement puis remuer avec une cuillère en bois, couvrir et laisser cuire doucement 45 min.

Pendant ce temps, éplucher les pommes restantes et les bananes, les couper en cubes et les ajouter, avec la crème fraîche, à la fin de la cuisson. Remuer à nouveau et laisser cuire encore 8 à 10 min.

Laver, sécher et hacher les feuilles de coriandre.

Faire dorer à sec quelques minutes les amandes effilées dans une poêle antiadhésive.

Servir dans un plat creux parsemé de coriandre hachée et d'amandes grillées.

Crumble express de figues fraîches, p. 128

EN DESSERT

Sorbet à la mangue

Le conseil des Jules

- Servez avec du riz basmati ou du quinoa.
- Vous pouvez aussi proposer, dans des ramequins, des raisins secs, des rondelles de banane et de la noix de coco en poudre pour accompagner.
- Enfin, vous pouvez remplacer l'agneau par du poulet.

Gigot Halima

Préchauffer le four à 180 °C (th. 6).

Peler et couper les oignons en morceaux.

Dans un mixeur, mélanger les oignons avec le contenu de la boîte de tomates, le persil, la coriandre, les gousses d'ail épluchées, du sel et du poivre, puis mixer jusqu'à ce que le mélange soit homogène.

Vider le contenu du mixeur dans un saladier et ajouter les clous de girofle, le gingembre, la cannelle, les feuilles de laurier, l'huile d'olive et l'huile de tournesol, le curcuma (ou le colorant marocain), le piment et, pour finir, 20 cl d'eau. Bien mélanger le tout.

Enduire le gigot de cette préparation sur toutes ses faces, le déposer dans un plat allant au four et répartir sur le dessus le reste du mélange épicé.

Supprimer les extrémités des courgettes. Couper les courgettes en quatre dans le sens de la longueur puis encore en deux ou en quatre, pour avoir des tronçons assez épais.

Répartir autour du gigot les rattes et les courgettes.

Couvrir de papier aluminium et enfourner pour 30 min.

Au bout de 30 min, bien mouiller le gigot et les légumes avec le jus rendu par l'ensemble. Baisser légèrement la température du four et enlever le papier aluminium le temps de finir la cuisson du gigot pendant 20 min.

Lorsque le gigot est cuit, le couper en tranches et répartir les légumes autour. Napper la viande avec la sauce restante et servir.

Fraises à la menthe et au sirop de poivre, p. 133

EN DESSERT

Vacherin miracle, p. 145

Pour 8 personnes

- 1 gros gigot d'agneau de 2 kg minimum
- 1 kg de pommes de terre nouvelles (ratte de Noirmoutier)
- 6 courgettes
- 1 boîte (4/4) de tomates concassées
- 2 gros oignons
- 3 gousses d'ail
- 1/2 bouquet de persil plat
- 1/2 bouquet de coriandre
- 2 feuilles de laurier
- 2 cuil. à soupe d'huile d'olive
- 2 cuil. à soupe d'huile de tournesol
- 2 clous de girofle
- 1 cuil. à café de gingembre en poudre
- 1/2 cuil. à café de cannelle en poudre
- 2 pincées de piment d'Espelette
- 3 pincées de curcuma ou de colorant marocain
- Sel, poivre du moulin

Préparation : 10 min

Cuisson : 50 min

saint-estèphe (Bordelais) ou cabernet-d'anjou (vallée de la Loire)

(Le conseil des Jules)

- Vous pouvez préparer le tout à l'avance. Vous n'aurez plus qu'à enfourner le gigot enduit.
- Vous pouvez accompagner ce gigot de haricots verts et de tomates à la provençale.

Gigot d'agneau farci sur lit de semoule

Pour 8 personnes

- 1 gigot d'agneau désossé
- 400 g de jambon blanc
- 500 g de semoule fine de couscous
- 3 oignons
- 4 échalotes
- 8 carottes
- 8 gousses d'ail
- 3 œufs
- 1 citron
- 80 g de raisins secs
- 3 tranches de pain de mie
- 5 cl de lait
- 40 cl de vin blanc sec

...

Faire tremper les raisins secs 1 h minimum dans de l'eau chaude.

Éplucher et hacher les oignons, l'ail et les échalotes. Éplucher les carottes et les couper en rondelles épaisses.

Hacher le jambon au hachoir. Laver et hacher la ciboulette.

Émietter le pain de mie dans un bol et ajouter le lait pour le faire tremper.

Laver le citron et prélever le zeste.

Verser 1 cuil. à soupe d'huile d'olive dans une poêle antiadhésive et y faire dorer 3 à 4 min les oignons, l'ail et les échalotes hachés.

Retirer du feu et ajouter le pain essoré, les raisins égouttés, le jambon haché, le zeste du citron, les œufs battus, le thym et le 4-épices.

Bien mélanger et remplir le gigot avec cette farce en l'entaillant légèrement si nécessaire. Le ficeler soigneusement.

Verser 3 cuil. à soupe d'huile d'olive dans une cocotte et y faire dorer le gigot à feu vif.

Saler, poivrer, réduire le feu et ajouter le vin blanc.

Couvrir et laisser cuire 1 h 30 à feu doux en retournant régulièrement la viande.

• • •

- *1 cuil. à soupe de thym en poudre*
- *1 cuil. à soupe de 4-épices*
- *1/2 bouquet de ciboulette*
- *5 cuil. à soupe d'huile d'olive*
- *Sel, poivre du moulin*

Préparation : 20 min

Cuisson : 2 h

saint-julien (Bordelais) ou pic-saint-loup (Languedoc)

Ajouter les rondelles de carottes et poursuivre la cuisson 30 min supplémentaires.

Pendant ce temps, faire bouillir 1 litre d'eau avec le reste d'huile d'olive.

Saler, verser la semoule en pluie et laisser reprendre l'ébullition.

Couvrir et laisser gonfler 10 min hors du feu.

Égrener la semoule à l'aide d'une fourchette.

Sortir la viande, la découper en tranches et la servir dans un plat creux entourée des rondelles de carottes et recouverte du jus dégraissé. Parsemer de ciboulette hachée.

Servir aussitôt accompagné de la semoule.

EN DESSERT

Délices de melon aux trois fruits, p. 129

Soupe de cerises au basilic, p. 142

Le conseil des Jules

- Vous pouvez remplacer le 4-épices par du ras-el-hanout et ajouter du fenouil émincé en même temps que les carottes.

Parmentier d'agneau au céleri-rave

Pour 8 personnes

- 1,3 kg de gigot d'agneau dégraissé et désossé
- 1,5 kg de pommes de terre
- 1,2 kg de céleri-rave
- 2 oignons
- 1 petit bouquet de persil plat
- 50 cl de lait demi-écrémé
- 125 g de beurre
- 4 cuil. à soupe de miel
- 3 cuil. à soupe d'huile d'olive
- 1 cuil. à soupe rase de romarin
- Sel, poivre du moulin

Préparation : 20 min

Cuisson : 1 h 10

saint-émilion (Bordelais) ou fitou (Languedoc-Roussillon)

Éplucher les pommes de terre et la boule de céleri, puis les couper en cubes.

Laver et hacher le persil. Éplucher et hacher les oignons.

Couper la viande en dés de 3 cm de côté.

Faire bouillir une grande cocotte d'eau salée et y faire cuire 20 min les cubes de pommes de terre et de céleri.

Égoutter soigneusement et réduire en purée avec le persil haché, le lait ajouté petit à petit et le beurre.

Préchauffer le four à 180 °C (th. 6).

Pendant la cuisson des légumes, faire cuire la viande.

Verser l'huile d'olive dans une poêle antiadhésive et y faire fondre les oignons 3 min, puis ajouter les cubes d'agneau et les faire dorer sur toutes les faces pendant 5 ou 6 min.

Ajouter le miel et le romarin, saler, poivrer et prolonger la cuisson de 4 min.

Retirer la viande de la poêle et la hacher dans le robot ou le hachoir.

Répartir dans un grand plat allant au four la moitié de la purée pommes de terre et céleri, puis faire une autre couche avec l'ensemble de la viande hachée. Terminer par le reste de la purée.

Enfourner ensuite pour 45 min.

Servir très chaud directement dans le plat.

Verres de chocolat à la crème fouettée, p. 146

EN DESSERT

Délices de melon aux trois fruits, p. 129

Le conseil des Jules

- Servez avec une salade d'herbes ou de roquette.

Tajine Makfoul aux oignons et tomates caramélisés

Double macaron à la mousse au chocolat, p. 130

EN DESSERT

Glace à la pistache

Pour 8 personnes

- *2 kg d'épaule d'agneau (ou de gigot)*
- *2 kg d'oignons*
- *1,5 kg de tomates*
- *1 bouquet de persil plat*
- *1 cuil. à café de safran en poudre*
- *3 cuil. à soupe de miel liquide*
- *1/2 cuil. à café de gingembre en poudre*
- *1 cuil. à café de cannelle en poudre*
- *2 bâtons de cannelle*
- *20 cl d'huile de tournesol*
- *Sel, poivre du moulin*

Préparation : 30 min

Cuisson : 1 h

gigondas (vallée du Rhône)

Dans un faitout mettre le persil haché (réserver quelques pluches), le safran, le gingembre et l'huile. Saler, poivrer, bien remuer le tout.

Préchauffer le four à 180 °C (th. 6).

Couper la viande en gros morceaux et la faire revenir dans le faitout à feu vif 5 min. Ajouter alors les bâtons de cannelle et 1/2 verre d'eau. Laisser cuire environ 20 min à découvert en remuant régulièrement pour que la viande n'attache pas.

Peler les tomates après les avoir plongées 20 s dans de l'eau bouillante puis les couper en rondelles. Peler les oignons et les émincer.

Dans un plat à tajine ou un plat de service allant au four, mettre d'abord la viande, ajouter une couche d'oignons en lamelles puis une couche de rondelles de tomates.

Saupoudrer de cannelle et napper le tout de miel liquide. Renouveler l'opération en ajoutant une couche d'oignons puis une couche de tomates, cannelle puis miel.

Couvrir et mettre au four pour 30 min de cuisson. Vérifier de temps en temps que les oignons et les tomates ne rendent pas trop de jus. Si c'est le cas, retirer l'excès avec une louche. Terminer en enlevant le couvercle et en faisant gratiner l'ensemble 5 min sous le gril.

Servir bien chaud parsemé du persil réservé.

Le conseil des Jules

- Ce plat typique de la région de Marrakech est absolument délicieux et encore peu connu. Il peut être confectionné avec du veau.
- Faites bien attention à prendre un plat allant au four assez creux car l'ensemble déborde facilement au cours de la cuisson et enfume la cuisine ! Si vous n'avez pas de couvercle, un papier aluminium fait très bien l'affaire.
- Vous pouvez préparer ce plat la veille et ne le faire gratiner qu'au dernier moment.

Moussaka grecque

Pour 8 personnes

- 800 g de bœuf haché
- 4 grosses aubergines
- 250 g de concentré de tomate
- 2 oignons
- 1 gousse d'ail
- 1/2 bouquet de persil plat
- 20 cl de vin rouge
- 30 g de parmesan râpé
- 30 g de chapelure fine
- 1 cuil. à soupe d'origan
- 20 g de beurre
- 6 cuil. à soupe d'huile d'olive
- Sel, poivre du moulin

• • •

Préchauffer le four à 210 °C (th. 7). Recouvrir 2 plaques de papier aluminium.

Laver et trancher finement les aubergines dans le sens de la longueur.

Disposer les tranches d'aubergines sur les plaques, badigeonner chaque face d'huile d'olive avec un pinceau et les faire cuire au four 10 min de chaque côté, puis laisser refroidir.

Laver et ciseler le persil. Peler et hacher les oignons et la gousse d'ail.

Faire chauffer 1 cuil. à soupe d'huile d'olive dans une poêle et y faire fondre les oignons et l'ail 4 à 5 min, puis ajouter la viande hachée en poursuivant la cuisson 5 min sur feu plus vif.

Ajouter ensuite le vin rouge, le concentré de tomate, l'origan et la moitié du persil haché.

Saler, poivrer et laisser cuire à feu doux 15 min, en remuant régulièrement.

Pour la sauce, faire chauffer le lait. Faire fondre le beurre dans une casserole, y ajouter la farine hors du feu en remuant bien.

• • •

Pour la sauce :
- *40 g de beurre*
- *80 g de farine*
- *1 litre de lait*
- *20 g de parmesan râpé*
- *1 pincée de noix muscade en poudre*
- *Sel fin*

Préparation : 30 min

Cuisson : 50 min

rosé de Provence

Fraises à la menthe et au sirop de poivre, p. 133

EN DESSERT

Délices de melon aux trois fruits, p. 129

Remettre sur le feu, laisser cuire 2 à 3 min, puis verser le lait chaud progressivement en remuant énergiquement, et laisser cuire 6 à 8 min en laissant épaissir.

Retirer du feu, ajouter la noix muscade, le parmesan et saler.

Beurrer un grand plat à gratin et tapisser le fond de tranches d'aubergines.

Recouvrir avec la moitié de la viande hachée et recommencer l'opération.

Verser ensuite la sauce et recouvrir du mélange réalisé avec les 30 g de parmesan, la chapelure et le reste du persil.

Enfourner et laisser cuire 30 min à 180 °C (th. 6).

Servir très chaud.

Le conseil des Jules

- Vous pouvez accompagner cette moussaka d'une salade de roquette.

Bo bun

Pour 8 personnes

- 800 g de bœuf tendre (filet)
- 600 g de vermicelles de riz
- 16 petits pâtés impériaux (nems) déjà cuits
- 300 g de germes de soja
- 150 g de cacahuètes
- 2 cuil. à soupe de graines de sésame
- 1 salade croquante (type iceberg)
- 1 concombre
- 4 carottes
- 2 oignons
- 2 gousses d'ail
- 1 tige de citronnelle
- 1 bouquet de menthe
- 3 brins de coriandre
- 6 cuil. à soupe d'huile neutre
- 3 cuil. à soupe de sucre en poudre
- 2 cuil. à soupe de vinaigre
- Sel fin

• • •

Émincer finement la viande en lamelles de 5 mm et la faire mariner 1 h avec la citronnelle finement hachée, le nuoc-mâm, 2 cuil. à soupe d'huile et 2 cuil. à soupe de sucre en poudre. Peler et émincer les gousses d'ail. Ajouter à la marinade.

Laver la salade et la menthe et les ciseler.

Tailler le concombre sans l'éplucher en très fines lanières ou en julienne.

Éplucher les carottes et les râper.

Faire macérer les carottes dans un mélange composé de 20 cl d'eau vinaigrée, 1 cuil. à soupe de sucre et 2 pincées de sel. Réserver. Préchauffer le four à 150 °C (th. 5).

Peler et émincer les oignons.

Mettre les vermicelles de riz dans une grande casserole remplie d'eau froide et porter à ébullition.

Laisser cuire 3 min après ébullition pour avoir des vermicelles *al dente*, les rincer immédiatement à l'eau froide et les égoutter.

Mélanger tous les ingrédients de la sauce dans un petit bol.

Mettre les pâtés impériaux au four afin de les rendre croustillants ou les réchauffer dans un vieux grille-pain et les sortir avec une pince à cornichons, les couper en 3 ou 4 morceaux.

Chauffer l'huile restante dans une grande poêle ou un wok. Faire revenir les oignons sans les colorer, ajouter rapidement les lamelles de bœuf égouttées et cuire très rapidement sur feu vif pour garder le bœuf saignant (c'est bien meilleur).

Dans un grand plat creux ou dans des assiettes creuses individuelles, répartir d'abord la salade et la menthe émincées, puis les germes de soja. Ajouter les carottes râpées, la julienne de concombre sans la marinade et les vermicelles de riz, le bœuf puis les morceaux de nems. Parsemer le tout de cacahuètes écrasées ainsi que des graines de sésame grillées à sec et pilées. Ajouter les feuilles de coriandre.

Servir la sauce à part.

• • •

Pour la sauce :

- *10 cl de nuoc-mâm*
- *2 cuil. à soupe de sauce d'huître*
- *15 cl d'eau*
- *1 citron vert (jus)*
- *2 cuil. à soupe de sucre en poudre*
- *1 cuil. à café d'ail en poudre*
- *1 pincée de piment en poudre*

Préparation : 30 min

Marinade : 1 h

Cuisson : 5 min

pécharmant (Sud-Ouest) ou châteauneuf-du-pape (vallée du Rhône)

Fraises au chinon, p. 134

EN DESSERT

Sorbet à la mandarine

Le conseil des jules

- Vous pouvez tout préparer à l'avance et ne cuire la viande et les pâtés impériaux qu'à la dernière minute.

Goulash

Pour 8 personnes

- *1,5 kg de gîte de bœuf*
- *400 g de lardons*
- *300 g de petits champignons de Paris*
- *2 poivrons rouges*
- *3 carottes*
- *4 gros oignons*
- *3 gousses d'ail*
- *3 cuil. à soupe de sucre en poudre*
- *3 cuil. à soupe de concentré de tomate*
- *75 cl de vin blanc sec*
- *6 cuil. à soupe de cognac*
- *15 cl de vinaigre de vin*
- *3 cuil. à soupe de farine*

• • •

Éplucher les carottes et les râper. Éplucher l'ail. Retirer les pédoncules et les graines des poivrons.

Mixer en purée les poivrons, les carottes et l'ail puis les réserver au frais.

Laver rapidement les champignons entiers, puis couper les queues au ras des têtes.

Couper la viande en gros cubes. Peler et émincer les oignons.

Dans une grande cocotte sur feu vif, faire chauffer le beurre. Lorsqu'il est brûlant, jeter la viande et bien la faire revenir sur toutes ses faces pendant 5 à 10 min.

Saupoudrer de sucre, remuer sans cesse pour faire caraméliser la viande.

Ajouter le vinaigre jusqu'à ce qu'il réduise complètement, toujours sur feu vif.

Ajouter la farine et la faire roussir légèrement en remuant sans cesse.

Ajouter les oignons, les lardons et les champignons. Continuer à mélanger pour faire dorer le tout.

• • •

- *2 yaourts bulgares*
- *3 cuil. à soupe de crème fraîche*
- *150 g de beurre*
- *1 feuille de laurier*
- *1 cuil. à café de thym*
- *3 clous de girofle*
- *1 pincée de piment de Cayenne*
- *5 cuil. à café de paprika doux*
- *Sel, poivre du moulin*

Préparation : 25 min

Cuisson : 2 h

porto-vecchio (Corse)

Vacherin miracle, p. 145

EN DESSERT

Sabayon au pommeau et sorbet pomme verte, p. 141

Ajouter petit à petit le vin blanc puis le cognac, la sauce doit commencer à prendre une belle consistance.

Ajouter la purée poivrons-carottes, le concentré de tomate, les épices et les herbes. Saler et poivrer.

Couvrir et laisser mijoter 1 h 45 min à feu doux en surveillant la cuisson et en remuant de temps en temps.

Mélanger les yaourts avec la crème fraîche et mettre en saucière, chacun se servira de cette crème au yaourt selon son goût.

Servir le goulash bien chaud accompagné de pommes de terre vapeur, de riz pilaf ou, mieux et plus original, de quinoa bien épicé.

(Le conseil des Jules)

- Le goulash est encore meilleur réchauffé.
- Vous pouvez parsemer le plat de paprika.
- Vous pouvez remplacer la crème de yaourt par de la crème aigre.

Pho de Hanoï (soupe de bœuf vietnamienne)

Pour 8 personnes

- 1 kg de bœuf à bouillir (macreuse et plat de côtes mélangés)
- 300 g de bifteck ou de pièce à fondue
- 1 gros os à moelle (c'est mieux mais pas indispensable)
- 300 g de nouilles de riz larges et plates
- 100 g de crevettes séchées
- 2 navets
- 200 g de pousses de soja crues
- 50 g de gingembre frais
- 2 gros oignons
- 4 échalotes

• • •

Éplucher les navets et les couper en morceaux. Éplucher et émincer finement les échalotes.

Éplucher et râper le gingembre.

Dans une poêle antiadhésive, faire griller à sec les échalotes émincées et le gingembre.

Pour préparer le bouillon, mettre dans 3 litres d'eau salée et poivrée les plats de côte et la macreuse, l'os à moelle et les crevettes séchées. Amener à un premier bouillon.

Ajouter 1 oignon émincé, le gingembre et les échalotes et continuer à faire bouillir tout doucement le bouillon pendant 1 h.

Ajouter les clous de girofle, la cannelle et la badiane. Laisser mijoter à feu doux encore au moins 30 min.

À la fin de la cuisson, retirer la viande et la réserver au frais.

Laisser refroidir le bouillon après avoir retiré les clous de girofle et le bâton de cannelle. Normalement, le bouillon doit être clair mais on peut y laisser quelques ingrédients, cela lui donne plus de caractère.

Mettre une grande casserole d'eau à bouillir. Lorsque l'eau bout, la retirer du feu et y jeter les nouilles de riz. Poser un couvercle sur la casserole et attendre 10 min afin que les nouilles soient cuites et ne soient plus transparentes. Verser dans une passoire et rincer à l'eau froide (la manière de cuire les nouilles peut varier d'une marque à l'autre, bien vérifier le mode de cuisson sur le paquet).

• • •

- *1 petite botte de ciboule (petits oignons frais)*
- *1 bouquet de coriandre*
- *6 brins de menthe*
- *2 citrons verts*
- *1 piment frais*
- *2 fleurs de badiane (anis étoilé)*
- *2 clous de girofle*
- *1 bâton de cannelle*
- *4 cuil. à soupe de nuoc-mâm*
- *Sel, poivre du moulin*

Préparation : 40 min

Cuisson : 2 h

côtes-du-roussillon

Découper la viande cuite et la viande crue (bifteck) en lamelles assez fines, elles pourront ainsi cuire à la seule chaleur du bouillon.

Couper les feuilles de coriandre, la ciboule et l'oignon restant en fines lamelles. Ciseler la menthe.

Au moment de servir, réchauffer le bouillon et ajouter le nuoc-mâm.

Réchauffer les nouilles rapidement au micro-ondes.

Dans une grande soupière ou dans des grands bols individuels, mettre la viande cuite, les nouilles, le bifteck en lamelles puis le mélange oignon, ciboule et coriandre. Verser par-dessus le bouillon bien chaud.

Ajouter sur la table des ramequins où chacun se servira de pousses de soja, de piment frais émincé, de menthe ciselée, de nuoc-mâm et de citron vert coupé en huit.

Brioche perdue aux poires et à la confiture de lait, p. 126

EN DESSERT

Tarte meringuée aux groseilles, p. 143

Le conseil des Jules

- L'idéal est de préparer le bouillon la veille. Il sera encore meilleur réchauffé.

Chili con carne

Pour 8 personnes

- *1 kg de bœuf haché par le boucher*
- *800 g de tomates entières en conserve égouttées (2 grandes boîtes)*
- *900 g de haricots rouges en conserve égouttés et rincés*
- *1 petite boîte de concentré de tomate*
- *2 gros oignons*
- *4 gousses d'ail*
- *3 cubes de bouillon de bœuf*
- *2 cuil. à soupe d'origan haché*
- *1 cuil. à soupe de sucre en poudre*
- *1 cuil. à soupe de cumin en poudre*
- *1 cuil. à soupe de paprika*
- *1 cuil. à soupe rase de piment en poudre*
- *2 cuil. à soupe d'huile d'olive*
- *Sel fin*

Préparation : 20 min

Cuisson : 1 h 15

saint-estèphe (Bordelais) ou hermitage (vallée du Rhône)

Faire chauffer une poêle à feu moyen et y faire griller à sec le cumin, le piment et le paprika durant 2 à 3 min, puis retirer du feu.

Préparer un bouillon de bœuf en faisant fondre les 3 cubes dans 50 cl d'eau bouillante.

Éplucher et hacher finement les oignons et les gousses d'ail.

Faire chauffer l'huile d'olive dans une cocotte puis y faire fondre les oignons 3 min, ajouter l'ail et prolonger la cuisson de 1 min.

Ajouter ensuite la viande hachée, laisser cuire 4 à 5 min, puis émietter à la fourchette.

Ajouter les tomates égouttées, le concentré de tomate, les haricots, le bouillon de bœuf, l'origan, le sucre, du sel et les épices grillées.

Laisser cuire 1 h à feu doux jusqu'à épaississement de la sauce et en remuant de temps en temps.

Servir bien chaud.

EN DESSERT

Salade de mangues fraîches

Sorbet au citron vert

Le conseil des Jules

- Vous pouvez servir avec des tortillas et du guacamole.

Filet de bœuf Stroganov

Pour 8 personnes

- 1 kg de filet de bœuf
- 500 g de champignons de Paris
- 3 carottes
- 2 oignons
- 2 gousses d'ail
- 1/2 bouquet de persil plat
- 4 cuil. à soupe de farine
- 100 g de beurre
- 30 cl de crème fraîche épaisse
- 15 cl de cognac ou armagnac
- 2 cubes de bouillon de bœuf
- 3 cuil. à soupe de concentré de tomate
- Sel, poivre du moulin

Préparation : 25 min

Cuisson : 30 min

corbières (Languedoc-Roussillon) ou gigondas (vallée du Rhône)

Émincer le filet de bœuf en petites lamelles.

Verser la farine dans un saladier. Enrober de farine les lamelles de bœuf en éliminant l'excédent.

Faire fondre 50 g de beurre dans une poêle et y faire revenir les lamelles de bœuf à feu vif pendant 2 min puis réserver sur une assiette.

Éplucher puis hacher les oignons et les gousses d'ail.

Éplucher les carottes. Les laver et les émincer, ainsi que les champignons.

Préparer un bouillon en faisant fondre les cubes dans 50 cl d'eau bouillante.

Ajouter dans la poêle les 50 g de beurre restants et, durant 4 à 5 min, y faire fondre doucement les oignons et l'ail hachés, puis ajouter les carottes et les champignons en laissant cuire encore 4 min.

Verser le cognac dans la poêle et laisser frémir jusqu'à ce que presque tout le liquide s'évapore.

Verser ensuite le bouillon de bœuf et le concentré de tomate et laisser réduire la sauce de moitié.

Remettre ensuite le bœuf dans la poêle et incorporer la crème fraîche.

Laisser frémir 1 à 2 min pour laisser épaissir, puis saler et poivrer.

Servir bien chaud parsemé de persil ciselé.

Double macaron à la mousse au chocolat, p. 130

EN DESSERT

Gratin d'agrumes aux zestes confits, p. 136

Le conseil des Jules

- Vous pouvez accompagner ce bœuf Stroganov de pâtes fraîches.

Jambon de Noël caramélisé aux fruits exotiques

Pour 8 personnes

- 1 petit jambon blanc de 3 à 4 kg cuit, tranché et reconstitué par le charcutier
- 1 ananas frais
- 1 boîte (4/4) de 850 g d'ananas en tranches
- 4 oranges
- 4 kiwis
- 2 bananes
- 1 carambole
- 1 grappe de raisin noir
- 1 grappe de raisin blanc
- 1 poignée de clous de girofle
- 750 g de sucre en poudre
- 30 cl de rhum
- 70 g de concentré de tomate
- 2 cuil. à soupe de Sauceline ou Maïzena

• • •

Le plus difficile est de trouver le charcutier qui accepte de cuire, trancher et reconstituer votre jambon. Si vous ne trouvez personne, voilà ce qu'il faut faire.

Si le jambon est salé : le faire dessaler 48 h dans beaucoup d'eau que l'on change à plusieurs reprises, puis gratter le jambon au couteau. Le couvrir d'eau froide, l'amener à ébullition, jeter l'eau de cuisson et passer à l'étape suivante (la cuisson au court-bouillon).

Si le jambon est frais : le faire cuire directement dans le court-bouillon : verser 4 litres d'eau dans un grand faitout, mettre le bouquet garni et le vin blanc, ajouter le jambon qui doit être recouvert. Faire cuire environ 2 h 30 à petits bouillons.

Laisser le jambon refroidir dans le court-bouillon puis le sortir.

Retirer la couenne du jambon délicatement et le placer dans un grand plat pouvant aller du four à la table.

Quadriller au couteau la partie grasse et piquer à chaque intersection 1 clou de girofle.

Préparer un caramel avec 500 g de sucre et un peu du jus de l'ananas en boîte.

Lorsque le caramel prend une belle couleur ambrée, ajouter le jus de 1 orange.

Enduire toutes les faces du jambon de caramel encore chaud.

Peler et trancher l'ananas frais, réserver et garder les feuilles pour la décoration.

Égrener les raisins. Peler et couper en rondelles kiwis et bananes. Réserver.

Couper en rondelles, sans les peler, les 3 oranges restantes et la carambole. Réserver.

1 h avant de passer à table, préchauffer le four à 210 °C (th. 7).

Faire chauffer le reste de sucre avec 4 cuil. à soupe d'eau dans une casserole pour faire un caramel assez brun. Quand le caramel a la bonne teinte, ajouter 50 cl du jus de cuisson du jambon. Ajouter le concentré de tomate, la moutarde, le reste du jus de la boîte d'ananas, 20 cl de rhum, du sel, le 5-épices et le piment. Faire chauffer, goûter et rectifier l'assaisonnement.

Ajouter la Sauceline ou la Maïzena et faire épaissir pour obtenir la bonne consistance.

Couvrir le jambon de papier aluminium et mettre à réchauffer au four pendant 20 min minimum.

Faire chauffer le beurre dans une poêle antiadhésive et y faire revenir les tranches d'ananas frais et au sirop et les tranches d'oranges.

Quand le jambon est bien chaud (vérifier au cœur), le sortir, disposer tous les fruits autour et le décorer avec les feuilles d'ananas.

Dans une louche, faire flamber le rhum restant et le verser, encore en flammes, sur le jambon. Apporter aussitôt à table pour un résultat spectaculaire puis verser 1 louche de sauce bien chaude sur les fruits pour les réchauffer.

Accompagner de la sauce restante et d'un riz basmati.

• • •

- *3 cuil. à soupe de moutarde de Dijon*
- *70 g de beurre*
- *1 pincée de piment en poudre*
- *2 cuil. à café de 5-épices*
- *Sel fin*

Pour la cuisson du jambon :

- *1 litre de vin blanc sec*
- *1 bouquet garni*

Préparation : 40 min

Cuisson : 3 h 10

Dessalage : 48 h (le cas échéant)

côtes-du-jura (blanc) ou coteaux-du-layon (moelleux de la vallée de la Loire)

Petites coupes au chocolat et à l'amande, p. 139

EN DESSERT

Glace aux marrons

Le conseil des Jules

- L'idéal est bien sûr de trouver un charcutier qui vous cuise, tranche et reconstitue le jambon. Dans ce cas-là, cette recette fait vraiment beaucoup d'effet et n'est pas compliquée du tout.
- Si vous faites cuire le jambon vous-même, ne vous ennuyez pas à le prétrancher, c'est un peu compliqué !

Porc *liberty* *et son gratin* de poires à la *béchamel*

Pour 8 personnes

- *1,8 kg de filet de porc*
- *25 gousses d'ail*
- *1,5 litre de lait entier*
- *2 cuil. à soupe de crème fraîche*
- *30 g de beurre*
- *2 cuil. à soupe d'huile neutre*
- *1 cuil. à café de noix muscade en poudre*
- *4 clous de girofle*
- *4 brindilles de thym*
- *3 feuilles de laurier*
- *3 cuil. à soupe de cognac*
- *Pain de campagne en tranches*
- *Sel, poivre du moulin*

• • •

Préchauffer le four à 180 °C (th. 6).

Dans une cocotte, faire chauffer l'huile et le beurre. Ajouter le filet de porc et bien le faire dorer sur toutes ses faces.

Jeter le gras de la cuisson et ajouter dans la cocotte le lait, la noix muscade, les clous de girofle, les brindilles de thym, les feuilles de laurier et les gousses d'ail pelées, du sel et du poivre.

Couvrir et faire cuire au four pendant 2 h.

Pendant ce temps, préparer le gratin de poires : mettre le lait à bouillir avec le 4-épices et la noix muscade.

Éplucher et enlever le cœur des poires et les faire pocher dans le lait bouillant pendant 20 min.

Dans une casserole, faire fondre le beurre. Ajouter la farine en remuant sans cesse et petit à petit, la moitié du lait de cuisson des poires jusqu'à l'obtention d'une béchamel, saler et poivrer.

Beurrer un plat à gratin. Y disposer les poires, verser par-dessus la béchamel et parsemer de gruyère râpé.

Soupe de cerises au basilic, p. 142

EN DESSERT

Verres de chocolat à la crème fouettée, p. 146

Mettre au four avec le rôti pendant environ 30 min.

Après 2 h de cuisson du rôti de porc, retirer les aromates et prélever les trois quarts de la sauce restante et la faire réduire dans une casserole sur feu doux avec le cognac et la crème fraîche.

Récupérer les gousses d'ail, les écraser à la fourchette, en faire un beurre d'ail et en tartiner des toasts de pain de campagne qui entoureront le rôti.

Couper le rôti en tranches, le napper de sauce et l'entourer de toasts à l'ail.

Le servir avec le gratin de poires.

• • •

Pour le gratin de poires à la béchamel :

- *6 poires conférences*
- *1 litre de lait*
- *50 g de beurre*
- *50 g de gruyère râpé*
- *75 g de farine fluide*
- *1 cuil. à café de 4-épices*
- *1 pincée de noix muscade en poudre*
- *Sel, poivre du moulin*

Préparation : 30 min

Cuisson : 2 h 10

anjou-gamay (vallée de la Loire)

Le conseil des Jules

- Idéal pour un « dîner blanc » avec, en dessert, un Vacherin miracle (p. 145) ou une Panacotta au coulis de pruneau (p. 137).
- Ce plat peut se préparer bien sûr à l'avance. Seuls les toasts à l'ail seront à faire au dernier moment.

Filet mignon de porc à l'ananas Victoria

Pour 8 personnes

- 1,6 kg de filet mignon de porc (environ 3 beaux filets)
- 2 petits ananas Victoria
- 16 petits oignons nouveaux
- 1/2 bouquet de coriandre
- 15 cl de Noilly Prat (ou Martini dry)
- 1 cuil. à soupe de vinaigre balsamique
- 4 cuil. à soupe d'huile d'olive
- 5 cuil. à soupe de sauce soja
- 2 cuil. à café rases de 5-épices
- Sel, poivre du moulin

Préparation : 40 min

Cuisson : 40 min

côtes-du-luberon (vallée du Rhône) ou pinot noir (Alsace)

EN DESSERT

Panacotta au coulis de pruneau, p. 137

Glace au café

Découper les filets en cubes de 3 cm de côté, puis saler et poivrer les morceaux sur chaque face.

Peler les oignons sans enlever le vert. Ciseler la coriandre.

Éplucher les ananas et les couper en cubes au-dessus d'un saladier afin de garder le jus. Réserver au frais.

Verser l'huile d'olive dans une cocotte et y faire revenir à feu vif les oignons, puis les morceaux de viande, en les faisant dorer sur toutes les faces pendant environ 5 min.

Verser ensuite le Noilly Prat, le vinaigre balsamique et la sauce soja.

Saupoudrer de 5-épices, couvrir et laisser mijoter 30 min à feu moyen.

Ajouter les cubes d'ananas et leur jus, puis la moitié de la coriandre ciselée. Mélanger.

Servir bien chaud après avoir parsemé du reste de coriandre.

(Le conseil des Jules)

- Pour accompagner, vous pouvez proposer du riz blanc.

Travers de porc marinés

Pour 8 personnes

- 2 kg de travers de porc
- 2 petites boîtes de tomates pelées
- 2 grosses gousses d'ail
- 2 cuil. à soupe de moutarde
- 4 cuil. à soupe de sucre en poudre
- 2 cuil. à soupe de farine
- 4 cuil. à soupe d'huile d'olive
- 4 cuil. à soupe de vinaigre de vin rouge
- 1 cuil. à café de piment en poudre
- Sel, poivre du moulin

Préparation : 20 min

Cuisson : 55 min

saumur-champigny (vallée de la Loire)

EN DESSERT

Pêches rôties et glace caramel au beurre salé, p. 138

Gaspacho de fruits rouges au pain d'épices, p. 135

Couper les travers de porc en tronçons de 7 à 8 cm. Saler et poivrer la viande.

Verser l'huile d'olive dans une cocotte à fond épais et y faire revenir les travers. Les faire bien griller de chaque côté, puis jeter l'huile de cuisson.

Éplucher et presser les gousses d'ail.

Ajouter à la viande la farine, les tomates, le sucre, le vinaigre et le piment. Mélanger, puis ajouter la moutarde et l'ail pressé.

Couvrir la cocotte et laissez cuire 45 min à feu moyen-doux.

Retourner plusieurs fois les morceaux dans leur sauce pendant la cuisson.

Servir bien chaud dans un plat creux.

Le conseil des Jules

- Servez avec du riz thaï ou un gratin de courgettes. Vous pouvez préparer ce plat à l'avance, il n'en sera que meilleur !

.Rougail de saucisses aux lentilles épicées

Pour 8 personnes

- 8 très bonnes saucisses (de Toulouse, d'Alsace ou aux herbes)
- 500 g de lentilles vertes du Puy
- 10 tomates bien mûres
- 10 oignons
- 2 gousses d'ail
- 4 civettes ou 1 bouquet de ciboulette
- 1 bouquet de persil plat
- 1 feuille de laurier
- 1 clou de girofle
- 2 brindilles de thym
- 5 cm de gingembre frais
- 3 ou 4 piments oiseaux
- 2 cuil. à soupe d'huile d'olive
- Sel fin

Préparation : 30 min

Cuisson : 50 min

saint-joseph (vallée du Rhône)

Éplucher et émincer les oignons. Laver le persil et le ciseler.

Couper les tomates en petits dés. Peler et couper le gingembre en fines lamelles.

Piquer les saucisses avec une fourchette.

Mettre les lentilles dans un faitout et les couvrir d'environ 3 fois leur volume d'eau froide. Ajouter l'équivalent de 2 oignons émincés, les gousses d'ail non pelées mais juste écrasées avec le plat de la lame d'un couteau, 1 branche de thym, la feuille de laurier, le clou de girofle, la moitié du gingembre, 2 piments bien émincés et du sel.

Ajouter les saucisses et mettre sur feu moyen. Compter 10 min à partir de l'ébullition.

Au bout de 10 min, retirer les saucisses, les passer sous l'eau froide et les couper en larges tronçons. Réserver. Continuer la cuisson des lentilles pendant 25 min sur feu moyen.

Dans un faitout, faire revenir les tronçons de saucisses dans l'huile d'olive. Ajouter le reste des oignons émincés, les dés de tomates, les 2 piments restants (si vous n'aimez pas trop épicé abstenez-vous !), 1 branche de thym et le gingembre reservé.

Couvrir le faitout et faire cuire à feu doux pendant 15 min en remuant de temps en temps.

Servir bien chaud avec les lentilles qui doivent maintenant être cuites et parsemer le tout de civette ou de ciboulette ciselée.

EN DESSERT

Fraises au chinon, p. 134

Délices de melon aux trois fruits, p. 129

Le conseil des Jules

- Vous pouvez aussi servir ce rougail avec un riz pilaf à la place des lentilles.

Porc Esmeralda

Pour 8 personnes

- 1,5 kg de filet mignon de porc
- 1,5 kg de champignons de Paris
- 4 aubergines
- 2 bouteilles de 300 ml de sauce tomate pimentée (ou sauce salsa : sauce mexicaine que l'on mange avec des tacos)
- 450 g de crème fraîche épaisse
- 1 cube de bouillon de volaille
- 11 cuil. à soupe d'huile neutre
- Sel, poivre du moulin

Préparation : 20 min

Cuisson : 35 min

saint-émilion (Bordelais)

Mettre le cube de bouillon dans 50 cl d'eau et faire chauffer pendant 2 min au micro-ondes.

Couper la viande en petits dés. Éplucher les champignons et les émincer.

Dans un grand saladier, mélanger la crème fraîche avec le bouillon et la sauce taco.

Faire chauffer 3 cuil. à soupe d'huile dans une poêle et y mettre les champignons à cuire avec 1/3 de la sauce à la crème.

Couper les extrémités des aubergines, puis les couper en rondelles de 1 cm d'épaisseur.

Faire chauffer dans une grande poêle antiadhésive 8 cuil. à soupe d'huile et y faire frire les rondelles d'aubergines. Quand elles sont cuites les mettre sur du papier absorbant.

Dans la même poêle, faire revenir les dés de filet mignon. Saler, poivrer et ajouter 1/3 de la sauce à la crème. Faire chauffer à feu doux en remuant de temps en temps.

Dans une casserole, faire chauffer les rondelles d'aubergines dans le reste de sauce.

Lorsque le tout est bien chaud, dresser dans un plat creux le porc et l'entourer de champignons et de tranches d'aubergines.

Gratin d'agrumes aux zestes confits, p. 136

EN DESSERT

Petites coupes au chocolat et à l'amande, p. 139

Le conseil des Jules

- Vous pouvez servir le tout accompagné de quinoa préparé en suivant les instructions du paquet.

Spaghettis alla matriciana

Pour 8 personnes

- *800 g de spaghettis*
- *600 g de lardons nature*
- *150 g de fromage de brebis râpé*
- *8 grosses tomates*
- *1 bouquet de basilic*
- *15 cl de vin blanc sec*
- *3 cuil. à soupe d'huile d'olive*
- *1 pointe de piment en poudre*
- *Sel fin*

Préparation : 20 min

Cuisson : 12 min

mâcon supérieur (Bourgogne) ou vin de Pays du Gard rosé (Languedoc-Roussillon)

Faire chauffer une casserole d'eau. Y plonger les tomates 20 s, les éplucher immédiatement puis les concasser.

Faire chauffer dans une grande poêle 1 cuil. à soupe d'huile d'olive et y faire rissoler les lardons. Ajouter le vin blanc et faire réduire le tout, les lardons vont absorber tout le liquide.

Ajouter alors les tomates, saler et laisser mijoter à feu doux. Assaisonner de piment selon les goûts.

Pendant ce temps, faire cuire les spaghettis 10 à 12 min dans une grande quantité d'eau bouillante salée additionnée de 2 cuil. à soupe d'huile d'olive.

Hacher le basilic.

Goûter les spaghettis pour juger de la cuisson. Ils doivent être *al dente*.

Égoutter les spaghettis et les mettre dans un grand plat de service.

Ajouter la sauce tomate aux lardons puis le fromage de brebis et enfin le basilic haché.

Servir aussitôt.

Fraises à la menthe et au sirop de poivre, p. 133

EN DESSERT

Croustillants aux marshmallows, p. 127

Osso-buco aux tomates confites

Pour 8 personnes

- 16 beaux morceaux de jarret de veau
- 800 g de tomates entières (1 grosse boîte)
- 200 g de tomates confites séchées
- 100 g de parmesan râpé
- 3 carottes
- 3 branches de céleri
- 3 oignons
- 2 gousses d'ail
- 1/2 citron
- 1/2 bouquet de persil plat
- 30 cl de vin blanc sec
- 4 cuil. à soupe d'huile d'olive
- 40 g de beurre
- 2 feuilles de laurier
- 2 branches de thym
- 2 cubes de bouillon de bœuf
- Sel, poivre du moulin

Préparation : 15 min

Cuisson : 1 h 45

cairanne (vallée du Rhône)

Éplucher et hacher les oignons et les gousses d'ail après en avoir ôté le germe.

Éplucher les carottes, les branches de céleri et les émincer.

Faire fondre le beurre dans une cocotte et y faire revenir carottes, oignons, céleri et ail pendant 5 ou 6 min en remuant souvent.

Retirer les légumes, les réserver et jeter la graisse de cuisson.

Verser alors dans la cocotte l'huile d'olive et y faire dorer la viande sur toutes ses faces, saler, poivrer puis réserver avec les légumes.

Jeter à nouveau la graisse de cuisson, puis ajouter les tomates avec leur jus, les cubes de bouillon, le thym et le laurier.

Ajouter la viande et les légumes réservés, le vin blanc, puis mouiller à hauteur d'eau.

Porter à ébullition, puis réduire et laisser cuire 1 h 30 à feu moyen à couvert.

Prélever le zeste du demi-citron.

Laver et hacher le persil.

Dans le bol d'un robot, mixer grossièrement le zeste de citron, le persil et les tomates confites.

Servir bien chaud parsemé du mélange persil, tomates confites et zeste de citron et présenter à part un bol de parmesan râpé.

Gaspacho de fruits rouges au pain d'épices, p. 135

EN DESSERT

Panacotta au coulis de pruneau, p. 137

(Le conseil des Jules)

- Accompagnez de polenta cuite avec du thym et du parmesan, puis étalée dans un plat creux, découpée en petits carrés qui seront grillés 15 min sous le gril du four.

Paupiettes de *veau* à l'italienne

Pour 8 personnes

- *8 escalopes de veau (de 100 g) très fines et bien régulières*
- *4 grandes tranches fines de jambon de Parme*
- *300 g de comté (ou beaufort)*
- *6 tomates*
- *6 oignons*
- *2 feuilles de laurier*
- *10 cl de vermouth ou porto blanc*
- *3 cuil. à soupe d'huile d'olive*
- *Sel, poivre du moulin*

Préparation : 25 min

Cuisson : 40 min

morgon (Beaujolais)

Couper les tranches de jambon en deux.

Couper le comté en fines lamelles.

Étendre sur chacune des escalopes 1 demi-tranche de jambon de Parme, puis répartir les lamelles de comté par-dessus.

Poivrer légèrement et rouler les escalopes en paupiettes en les ficelant soigneusement.

Peler et hacher les oignons.

Plonger les tomates 20 s dans une casserole d'eau bouillante. Puis les passer sous l'eau froide, les peler, les couper en quatre et ôter les graines.

Verser l'huile d'olive dans une cocotte et y faire dorer les paupiettes.

Ajouter ensuite les oignons hachés, les tomates, le vermouth, les feuilles de laurier, saler et poivrer très modérément.

Laisser mijoter à feu moyen 30 min.

Servir bien chaud avec des fettucine ou des tagliatelles au beurre.

EN DESSERT

Tarte meringuée aux groseilles, p. 143

Sabayon au pommeau et sorbet pomme verte, p. 141

Le conseil des Jules

- Pour gagner du temps, vous pouvez utiliser 2 petites boîtes de tomates concassées.

Veau Orloff

Pour 8 personnes

- 1,6 kg de rôti de veau
- 2 kg de petites pommes de terre nouvelles
- 16 tranches fines de bacon
- 300 g de comté (ou 32 tranches fines)
- 300 g de champignons de Paris
- 2 cuil. à soupe d'huile d'olive
- Sel, poivre du moulin

Pour la béchamel :

- 50 g de beurre
- 50 g de farine
- 40 cl de lait écrémé

Préparation : 40 min

Cuisson : 1 h 15

haut-médoc (Bordelais)

Préchauffer le four à 180 °C (th. 6) pendant 10 min.

Poser le rôti de veau dans un plat à gratin, verser par-dessus l'huile d'olive, saler et poivrer, puis enfourner pour 30 min de cuisson en arrosant souvent le rôti de son jus de cuisson.

Pendant ce temps, laver les pommes de terre sans les peler, puis les couper en deux.

Faire bouillir une grande casserole d'eau et y faire cuire 5 à 6 min les pommes de terre, puis les égoutter soigneusement.

Couper 32 tranches fines de comté.

Au bout des 30 min de cuisson, sortir le rôti et le découper en 16 tranches fines.

Reconstituer le rôti bien serré dans le plat à gratin en insérant entre chaque tranche de viande 1 tranche de bacon et 2 tranches de comté.

Laver et émincer les champignons.

Préparer une béchamel : faire chauffer le lait. Faire fondre le beurre dans une casserole et ajouter la farine hors du feu. Mélanger énergiquement, puis ajouter le lait chaud par petites quantités.

Remettre sur feu moyen 8 à 10 min en remuant régulièrement, puis ajouter les champignons.

Verser la béchamel sur le rôti et l'entourer des petites pommes de terre.

Poursuivre la cuisson 35 min au four.

Servir très chaud.

Poires épicées pochées au pommeau, p. 140

EN DESSERT

Croustillants aux marshmallows, p. 127

Le conseil des Jules

- Si vous n'avez pas de petites pommes de terre nouvelles, vous pouvez utiliser des grosses pommes de terre en les épluchant et en les coupant en rondelles épaisses, sans oublier de les blanchir 5 à 6 min dans l'eau bouillante.

Poêlée de veau au gingembre et haricots plats

Pour 8 personnes

- 8 escalopes de veau de 120 g chacune
- 1,6 kg de haricots plats
- 2 gousses d'ail
- 1 botte d'oignons nouveaux
- 1/2 bouquet de persil plat
- 4 cm de gingembre frais
- 15 cl de sauce soja
- 2 cuil. à soupe d'huile d'olive
- Sel, poivre du moulin

Préparation : 15 min

Cuisson : 20 min

bandol blanc (Provence)

Découper les escalopes de veau en lanières de 1 cm, puis saler et poivrer.

Peler et hacher les gousses d'ail.

Laver les haricots et les faire cuire 10 min à la vapeur d'eau salée.

Peler et émincer finement le gingembre. Laver et ciseler le persil.

Laver les oignons et les couper en deux, ou en quatre s'ils sont gros, en gardant 3 à 4 cm de tige verte.

Verser l'huile d'olive dans un wok et y faire revenir l'ail haché avec les oignons.

Ajouter ensuite les morceaux de veau pour les faire revenir à feu vif en les faisant dorer sur chaque face.

Ajouter les haricots, la sauce soja, le gingembre émincé et le persil.

Bien remuer et laisser cuire ensemble 5 min.

Servir très chaud.

EN DESSERT

Pêches rôties et glace caramel au beurre salé, p. 138

Panacotta au coulis de pruneau, p. 137

Le conseil des Jules

- Pour gagner du temps, vous pouvez utiliser des haricots surgelés.

Riz et veau vapeur à la tunisienne

Pour 8 personnes

- 800 g d'épaule de veau dégraissée
- 600 g de riz long
- 750 g d'épinards frais
- 6 carottes
- 1 gousse d'ail
- 2 petits oignons
- 1 bouquet de persil plat
- 1 bouquet de menthe
- 3 cuil. à soupe de concentré de tomate
- 15 cl d'huile d'olive
- 1 cuil. à soupe de tabeul (4-épices)
- 1 cuil. à soupe de carvi
- Sel, poivre du moulin

Préparation : 25 min

Cuisson : 1 h 20

anjou-villages (vallée de la Loire)

Découper l'épaule de veau en petits dés. Peler les oignons et les émincer finement.

Peler la gousse d'ail, l'émincer finement en retirant le germe.

Laver les épinards, les essorer et les ciseler grossièrement.

Éplucher et laver les carottes et les détailler en rondelles fines.

Laver, sécher et ciseler le persil et la menthe.

Verser l'ensemble des ingrédients (hormis la moitié du persil qui servira pour la décoration) dans une grande jatte et malaxer avec l'huile d'olive. Saler et poivrer légèrement.

Transvaser ensuite dans la partie supérieure du couscoussier et faire cuire à la vapeur durant 1 h 20 min.

Servir bien chaud parsemé du persil ciselé restant.

Crumble express de figues fraîches, p. 128

EN DESSERT

Verres de chocolat à la crème fouettée, p. 146

(Le conseil des Jules)

- Servez dans un grand plat creux la préparation en dôme.
- Si vous êtes pressé, vous pouvez utiliser des épinards en branches surgelés.

Tajine de veau aux fruits secs

Pour 8 personnes

- 2 kg de poitrine de veau
- 1 sachet (250 g) de polenta
- 200 g de dattes
- 200 g de pruneaux
- 150 g d'abricots secs
- 100 g d'amandes mondées
- 2 tomates
- 3 oignons
- 3 gousses d'ail
- 1/2 bouquet de persil plat
- 1/2 bouquet de coriandre + quelques brins
- 1 sachet de Spigol ou 1 g de curcuma

• • •

Couper la viande en gros dés. La faire revenir dans un faitout avec 10 cl d'huile d'olive et 10 cl d'huile neutre.

Quand la viande est dorée sur toutes ses faces, ajouter du sel, du poivre, le gingembre, la moitié de la cannelle, le safran et le Spigol (ou le curcuma).

Laisser mijoter 15 min à feu doux en tournant de temps en temps.

Peler et hacher l'ail et les oignons. Couper les tomates en petits dés. Laver et ciseler le persil et la coriandre.

Ajouter à la viande le hachis d'ail et d'oignons ainsi que les herbes et les tomates et laisser mijoter encore 10 min.

Ajouter 40 cl d'eau et mélanger. Couvrir et laisser cuire 45 min à feu doux en remuant de temps en temps.

• • •

- *4 cuil. à soupe de sucre en poudre*
- *1 litre de lait écrémé*
- *25 cl d'huile neutre*
- *10 cl d'huile d'olive*
- *1 cuil. à soupe de gingembre en poudre*
- *1 cuil. à soupe de cannelle en poudre*
- *1 cuil. à café de safran en poudre*
- *1 cuil. à café de cumin en poudre*
- *Sel, poivre du moulin*

Préparation : 30 min

Cuisson : 1 h 20

bandol rosé (Provence)

Dans une casserole, mettre tous les fruits secs avec le sucre en poudre, l'autre moitié de la cannelle, 5 cl d'huile neutre et 10 cl d'eau. Laisser mijoter 10 min.

Préparer la polenta avec le lait, en suivant les instructions du paquet et en ajoutant le cumin.

Découper la polenta en triangles et les faire griller au four pendant 15 min à 200 °C (th. 6-7).

Faire griller les amandes dans 2 cuil. à soupe d'huile neutre.

Servir la viande dans un plat à tajine, mettre les fruits secs par-dessus, les triangles de polenta autour et décorer avec un peu de coriandre hachée.

EN DESSERT

Sorbet à la poire

Vacherin miracle, p. 145

Le conseil des Jules

- Vous pouvez aussi préparer ce plat avec du gigot d'agneau coupé en morceaux.

Daube d'autruche au cassis et aux poires

Pour 8 personnes

- 2 kg de sauté d'autruche
- 200 g de lardons fumés
- 500 g de champignons de Paris frais
- 12 poires (conférence)
- 50 g de cassis surgelés
- 2 cuil. à soupe de gelée de cassis
- 10 cl de crème de cassis
- 50 cl de vin rouge
- 70 g de farine fluide
- 50 g de sucre en poudre
- Sauceline ou Maïzena (si besoin)
- 50 g de beurre
- 1 cuil. à soupe de graisse d'oie ou de canard
- 1 pincée de piment en poudre
- Sel, poivre du moulin

...

La veille

Découper la viande en gros morceaux.

Peler et débiter les carottes en rondelles, peler et émincer les oignons.

Préparer la marinade en mettant dans un grand saladier l'huile d'olive, les rondelles de carotte, les oignons émincés, le bouquet garni, le clou de girofle, le vin rouge, le calvados, le vinaigre, l'ail en poudre et la feuille de laurier.

Ajouter les cubes de viande, remuer. Il faut que la marinade recouvre la viande.

Laisser reposer au frais toute la nuit.

Le jour même

Égoutter la viande. Dans un grand faitout, faire fondre la graisse d'oie et y faire revenir les lardons à feu vif. Au bout de 3 min, ajouter les cubes d'autruche et les faire revenir sur toutes leurs faces.

Hors du feu, ajouter la farine en remuant sans cesse, remettre sur le feu et mouiller avec la marinade, ajoutée petit à petit en mélangeant vivement. Ne pas hésiter à laisser les ingrédients de la marinade (oignons, carottes, épices, etc.). Saler et poivrer. Couvrir et laisser mijoter 2 h à feu tout doux en tournant de temps en temps et en vérifiant que le fond de la casserole n'accroche pas.

Pendant ce temps, nettoyer les champignons, puis les couper en quatre et les faire revenir dans une poêle avec le beurre.

Couper les poires en quatre, sans les éplucher, en laissant la queue.

• • •

Pour la marinade :
- *2 carottes*
- *2 oignons*
- *1 bouquet garni*
- *1 clou de girofle*
- *1 litre de vin rouge*
- *10 cl de calvados*
- *10 cl d'huile d'olive*
- *10 cl de vinaigre de vin*
- *1 cuil. à café d'ail en poudre*
- *1 feuille de laurier*

Pour la polenta :
- *400 g de polenta précuite*
- *30 g de noix concassées*
- *50 cl de lait*
- *2 cuil. à soupe d'huile d'olive*
- *Sel, poivre du moulin*

Préparation : 40 min

Cuisson : 2 h 10

pinot noir d'Alsace

Fraises au chinon, p. 134

EN DESSERT

Glace à la vanille

Dans une casserole, mettre le vin rouge, la crème de cassis, le sucre en poudre, le piment et du poivre. Faire chauffer le tout et y faire pocher les poires 15 min.

Préparer ensuite la polenta en faisant chauffer le lait jusqu'à ébullition. Verser en pluie la polenta, saler, poivrer et remuer énergiquement sur le feu jusqu'à ce que la semoule ait absorbé tout le liquide. Ajouter alors les noix concassées. Étendre la polenta sur une plaque antiadhésive et la faire refroidir. Avec une molette à pizza, découper la polenta en triangles et les enduire d'huile d'olive.

Réchauffer la daube. Ajouter la gelée de cassis. Vérifier la consistance de la sauce, éventuellement l'épaissir avec un peu de Sauceline ou de Maïzena, ou au contraire délayer avec le jus de cuisson des poires.

Ajouter les champignons, saler et poivrer.

Faire griller la polenta 15 min sous le gril du four.

Dans un plat creux, mettre la viande puis ajouter de la sauce. Parsemer de grains de cassis surgelés qui vont se décongeler au contact de la chaleur.

Autour du plat, alterner les poires pochées et les triangles de polenta aux noix.

Servir bien chaud.

(Le conseil des Jules)

- Cette daube peut très bien se faire de manière plus classique avec du bœuf, mais aussi avec des cuisses de canard ou du sanglier.

Émincé de volaille aux légumes et au paprika

Pour 8 personnes

- 6 gros blancs de poulet fermier
- 3 carottes
- 4 oignons
- 2 poivrons rouges
- 2 poireaux
- 1/2 botte de céleri en branches avec les feuilles
- 3 cuil. à soupe de crème fraîche
- 4 cuil. à soupe d'huile d'olive
- 2 cuil. à soupe de paprika doux ou fort (au choix)
- Sel, poivre du moulin

Préparation : 25 min

Cuisson : 45 min

saumur-champigny (vallée de la Loire)

Éplucher et émincer les oignons.

Faire chauffer à feu moyen l'huile d'olive, dans une cocotte, et y faire dorer les oignons et les blancs de poulet 2 min de chaque côté, sans les cuire.

Retirer ensuite les escalopes de poulet et les découper en lanières.

Laver, éplucher et émincer finement carottes, poivrons, poireaux et céleri (tiges et feuilles) et mettre le tout dans la cocotte avec les oignons pour les faire revenir 15 min en remuant souvent.

Verser dans la cocotte 1 petit verre d'eau pour mouiller les légumes.

Ajouter ensuite les lanières de poulet, le paprika, du sel, du poivre et poursuivre la cuisson environ 25 min à feu doux.

En fin de cuisson, ajouter la crème fraîche pour lier la sauce et mélanger délicatement.

Servir bien chaud dans un plat creux.

Gratin d'agrumes aux zestes confits, p. 136

EN DESSERT

Tarte meringuée aux groseilles, p. 143

Le conseil des Jules

- Servez avec du riz basmati.
- Vous pouvez faire une variante en remplaçant le paprika par du curry.
- Ce plat se prépare très facilement la veille et se réchauffe à feu doux le jour même.

Poulet aux citrons confits et aux olives

Pour 8 personnes

- 2 poulets fermiers
- 6 bulbes de fenouil
- 8 pommes de terre
- 250 g d'olives vertes dénoyautées
- 5 oignons
- 4 gousses d'ail
- 1 bouquet de coriandre
- 2 citrons confits
- 1 citron (jus)
- 1 cuil. à café de ras-el-hanout
- 1/2 cuil. à café de safran en poudre
- 1 sachet de Spigol ou 1 g de curcuma
- 1 cuil. à café de gingembre en poudre
- 10 cl d'huile d'olive
- 10 cl d'huile de tournesol
- Sel, poivre du moulin

Préparation : 20 min

Cuisson : 45 min

hermitage blanc (vallée du Rhône) ou sancerre rouge (vallée de la Loire)

Peler et émincer les oignons et l'ail. Ciseler la coriandre.

Dans un saladier, mélanger l'oignon haché, l'ail, les 3/4 de la coriandre ciselée, les citrons confits coupés en petits morceaux, les huiles, le ras-el-hanout, le gingembre, le safran et le jus de citron.

Bien enduire les poulets avec la totalité de ce mélange.

Mettre les poulets dans un faitout. Ajouter 50 cl d'eau et laisser cuire pendant 45 min à feu doux.

Pendant ce temps, peler les pommes de terre et les couper en quatre dans le sens de la longueur.

Mettre une grande casserole d'eau à bouillir, y ajouter le colorant alimentaire et du sel. Faire cuire les pommes de terre pendant 15 à 20 min.

Peler les fenouils et les couper dans le sens de la longueur en gros morceaux. Les faire cuire à l'eau bouillante pendant 15 min.

Quand les poulets sont cuits, les sortir et les découper.

Faire réduire la sauce si nécessaire. Ajouter les pommes de terre, les olives et le fenouil. Bien mélanger.

Réchauffer les morceaux de poulet dans la sauce.

Dresser dans un plat et servir en décorant du reste de coriandre ciselée.

Terrine de roquefort aux fruits secs, p. 144

EN DESSERT

Sorbet à la mangue

(Le conseil des Jules)

- Vous pouvez tout préparer à l'avance ou la veille. Dans ce cas, n'ajoutez les légumes qu'à la dernière minute.

Poulet
aux *crevettes* et aux *cacahuètes*

Pour 8 personnes

- 2 poulets fermiers
- 500 g de grosses crevettes ou de gambas
- 300 g de cacahuètes grillées
- 4 bananes
- 1/2 boîte de tomates concassées
- 6 oignons
- 2 cuil. à soupe de crevettes séchées en poudre

...

Découper les poulets crus en morceaux. Éplucher les oignons et les émincer.

Réduire les cacahuètes en poudre au mixeur mais en garder quelques-unes entières pour la décoration.

Faire chauffer l'huile dans une cocotte, y faire dorer les morceaux de poulets et les retirer petit à petit.

Placer dans la même cocotte les oignons et les faire blondir. Ajouter les tomates et leur jus et faire cuire 3 à 4 min.

Remettre les morceaux de poulet et ajouter 50 cl d'eau. Saler et poivrer. Attendre l'ébullition, réduire le feu, couvrir et laisser cuire 15 min.

Ajouter les cacahuètes mixées, le piment et la poudre de crevettes. Bien remuer et ajouter 20 cl d'eau. Couvrir à nouveau et remettre sur feu tout doux pendant 45 min en remuant de temps en temps et en vérifiant que la sauce ne devienne pas trop épaisse. Si c'est le cas, ajouter un peu d'eau.

…

- **10 cl de rhum**
- **20 cl d'huile neutre**
- **3 pincées de piment en poudre**
- **Fleur de sel, poivre du moulin**

Préparation : 25 min

Cuisson : 1 h 15

côtes-du-rhône blanc (cépage viognier)

Pendant ce temps, décortiquer les grosses crevettes.

5 min avant la fin de la cuisson, éplucher les 4 bananes et les couper en gros morceaux. Les ajouter au plat en même temps que les crevettes. Couvrir jusqu'à la fin de la cuisson puis faire flamber avec le rhum.

Parsemer à la dernière minute le plat des cacahuètes réservées. Saupoudrer le tout de fleur de sel. Servir bien chaud.

Sorbet à la noix de coco

EN DESSERT

Litchis au sirop

Le conseil des Jules

- Vous pouvez égayer le riz qui accompagne traditionnellement ce plat avec des épinards hachés à la crème parfumés au curry.
- Vous pouvez préparer le plat à l'avance, le conserver sous film alimentaire et le réchauffer à la dernière minute au micro-ondes. Vous ne flamberez alors qu'au moment de servir.

Haddock au curry sur confit de chou rouge

Pour 8 personnes

- 1,4 kg de haddock (ou 8 pavés)
- 70 cl de lait écrémé
- 80 g de beurre
- 6 oignons
- 1 gousse d'ail
- Quelques brins de persil plat
- 1 grosse cuil. à soupe de farine
- 25 cl de vin blanc sec
- 25 cl de crème fraîche épaisse
- 2 cuil. à soupe de curry
- Poivre du moulin

• • •

Découper le haddock en 8 pavés et les faire tremper dans le lait en ajoutant de l'eau. Recouvrir et laisser dessaler 2 h minimum.

Éplucher et émincer finement les oignons et l'ail.

Égoutter soigneusement les pavés.

Faire fondre le beurre dans une grande poêle et y faire cuire rapidement le haddock 2 à 3 min de chaque côté. Retirer du feu et réserver le poisson.

Remettre la poêle sur le feu sans la laver et y faire revenir les oignons et l'ail émincés. Faire cuire 20 min à feu doux en remuant de temps en temps, puis saupoudrer de curry et de farine.

Bien remuer, mouiller avec le vin blanc, poivrer et prolonger la cuisson 15 min à couvert, puis ajouter la crème fraîche et les pavés de haddock.

Prolonger à nouveau la cuisson à feu doux 12 à 15 min sans bouillir et à couvert.

• • •

Pour le confit de chou rouge :

- *1 kg de chou rouge*
- *4 pommes (reinette)*
- *1 oignon rouge*
- *20 g de beurre*
- *3 cuil. à soupe de sirop de sucre de canne*
- *2 cuil. à soupe de vinaigre de vin rouge*
- *4 clous de girofle*
- *Sel*

Préparation : 25 min

Dessalage : 2 h

Cuisson : 55 min

riesling (Alsace)

Pendant tout ce temps, éplucher le chou rouge et l'émincer finement. Éplucher les pommes, les épépiner et les couper en huit. Éplucher et hacher l'oignon rouge.

Faire fondre les 20 g de beurre dans une grande cocotte, y ajouter l'oignon, le chou, puis les pommes, le vinaigre, les clous de girofle et le sirop de sucre de canne.

Saler et laisser mijoter à feu moyen 45 min en ajoutant un peu d'eau si nécessaire

Verser le chou bien chaud dans un plat creux et y disposer les pavés de haddock. Parsemer de persil ciselé.

Double macaron à la mousse au chocolat, p. 130

EN DESSERT

Far breton, p. 132

Le conseil des Jules

- Vous pouvez aussi préparer ce plat à l'avance en réchauffant le chou à la dernière minute. Dans ce cas, pour le poisson, prévoyez une cuisson un peu plus courte, 8 à 10 min, pour qu'il puisse être réchauffé sans qu'il se défasse.

Papillotes de lieu à la chinoise

Pour 8 personnes

- 8 pavés de lieu sans peau et sans arête de 160 g chacun
- 300 g de nouilles chinoises
- 3 petites courgettes
- 1 bocal d'asperges vertes
- 300 g de champignons de Paris frais
- 2 citrons
- 1/2 bouquet de coriandre fraîche
- 4 cuil. à soupe d'huile d'olive
- Sel, poivre du moulin

Préparation : 20 min

Cuisson : 10 min

entre-deux-mers (Bordelais) ou pouilly-fuissé (Bourgogne)

Faire bouillir une grande casserole d'eau salée et y plonger les nouilles chinoises pendant 3 min, puis égoutter.

Laver et émincer très finement les champignons et les courgettes sans les éplucher.

Égoutter les asperges. Découper les citrons en 8 rondelles fines.

Préparer 8 grandes feuilles de papier aluminium et verser 1/2 cuil. à soupe d'huile d'olive sur chaque feuille, en l'étalant au centre.

Disposer un nid de nouilles chinoises sur chaque feuille, puis répartir harmonieusement les légumes : champignons émincés, courgettes émincées et asperges.

Saler, poivrer et déposer un pavé de lieu au-dessus de chaque nid.

Saler et poivrer à nouveau, disposer sur chaque pavé 2 rondelles de citron, quelques feuilles de coriandre et refermer soigneusement les papillotes en faisant chevaucher les bords afin qu'elles soient tout à fait hermétiques.

20 min avant de passer à table, préchauffer le four à 240 °C (th. 8).

Enfourner les papillotes et laisser cuire 6 à 8 min.

Servir dès qu'elles sont gonflées comme des ballons !

Brioche perdue aux poires et à la confiture de lait, p. 126

EN DESSERT

Verres de chocolat à la crème fouettée, p. 146

Le conseil des Jules

- Vous pouvez utiliser des asperges fraîches blanchies à l'eau bouillante, ou remplacer certains légumes par d'autres, en fonction de la saison, par exemple des brocolis, des bâtonnets de carotte, des topinambours…

Filets de poisson à l'orientale

Retirer les pédoncules des poivrons, les épépiner et les couper en lanières. Peler et émincer l'ail et les oignons. Couper le citron en rondelles.

Laver et ciseler le persil.

Mélanger dans le fond d'un plat allant au four les huiles avec les épices (cumin, gingembre, sel, poivre, curcuma), ajouter l'ail émincé, les oignons, le persil ciselé, les tomates, le piment et le jus de citron. Bien mélanger le tout.

Y mettre à mariner les filets de poisson pendant 1 h.

Après ce temps, préchauffer le four à 180 °C (th. 6).

Ajouter les lanières de poivrons, les rondelles de citron, les olives et le piment.

Verser 1 verre d'eau et enfourner pour 15 min de cuisson en couvrant d'une feuille de papier aluminium.

Prolonger la cuisson 15 min à découvert. Servir très chaud.

EN DESSERT

Double macaron à la mousse au chocolat, p. 130

Glace au nougat

Le conseil des Jules

- Ce plat de poisson est délicieux avec une ratatouille bien épicée au cumin.

Pour 8 personnes

- *1,6 kg de filets de poisson (flétan ou cabillaud)*
- *2 poivrons rouges*
- *1 poignée d'olives vertes dénoyautées*
- *1 pincée de piment d'Espelette*
- *1 citron*

Pour la marinade :

- *1/2 verre d'huile d'olive*
- *1/2 verre d'huile neutre*
- *1 bouquet de persil plat*
- *1 grosse boîte de tomates concassées*
- *3 oignons*
- *4 gousses d'ail*
- *2 cuil. à soupe de jus de citron*
- *1 cuil. à café de cumin en poudre*
- *1/2 cuil. à café de gingembre en poudre*
- *1 cuil. à café de curcuma*
- *Sel, poivre du moulin*

Préparation : 25 min

Marinade : 1 h

Cuisson : 30 min

riesling (Alsace)

Tagliatelles au thon frais et à la roquette

Pour 8 personnes

- ***750 g de tagliatelles fraîches***
- ***1 kg de thon frais coupé en cubes de 3 à 4 cm***
- ***400 g de feuilles de roquette***
- ***1/2 pot de câpres au vinaigre***
- ***4 gousses d'ail***
- ***3 citrons***
- ***1/2 bouquet de persil plat***
- ***15 cl d'huile d'olive***
- ***Sel, poivre du moulin***

Préparation : 20 min

Cuisson : 15 min

gaillac blanc (Sud-Ouest) ou jurançon sec (Sud-Ouest)

Laver, essorer et hacher grossièrement les feuilles de roquette. Égoutter et rincer les câpres.

Laver 1 citron et le râper pour obtenir l'équivalent de 1 cuil. à soupe rase de zeste.

Presser les 3 citrons.

Éplucher les gousses d'ail et les presser au presse-ail.

Laver et hacher finement le persil plat.

Faire bouillir une grande casserole d'eau salée additionnée de 1 cuil. à soupe d'huile d'olive et y faire cuire les tagliatelles. Bien égoutter et les garder au chaud.

Mélanger dans un saladier l'ail pressé, le zeste de citron, 1 cuil. à soupe d'huile d'olive et ajouter les cubes de thon. Saler, poivrer et mélanger délicatement.

Faire chauffer une grande poêle antiadhésive et y saisir les cubes de thon 30 s de chaque côté, ajouter la roquette et les câpres et prolonger la cuisson de 1 min.

Ajouter ensuite le jus des citrons et retirer du feu après 30 s.

Verser le reste de l'huile d'olive sur les tagliatelles chaudes, puis ajouter le thon et la roquette.

Saler, poivrer légèrement et mélanger délicatement. Parsemer de persil haché.

Servir bien chaud.

Panacotta au coulis de pruneau, p. 137

EN DESSERT

Gratin d'agrumes aux zestes confits, p. 136

Le conseil des Jules

- Le secret de cette recette est de préparer tous les ingrédients 1 ou 2 h avant et de ne les faire cuire qu'au dernier moment, étant donné la rapidité de la recette.

terroir

Cassolettes d'œufs au muscat

Pour 8 personnes

- 10 œufs
- 10 oignons
- 25 g de beurre
- 15 cl de muscat
- 20 cl de bouillon ou de fond de veau
- 1 cuil. à soupe de farine
- 5 cl de vinaigre de vin
- Sel, poivre du moulin

Préparation : 10 min

Cuisson : 30 min

tavel rosé (vallée du Rhône)

Faire durcir les œufs pendant 10 min dans une casserole d'eau bouillante salée.

Écaler les œufs et les couper en tranches assez épaisses d'environ 1 cm.

Peler les oignons et les émincer en fines lamelles.

Dans un faitout, faire fondre le beurre et y faire revenir les oignons pendant 10 à 15 min en remuant sans cesse jusqu'à ce qu'ils prennent une belle couleur blonde.

Ajouter le muscat et continuer à remuer sur feu doux jusqu'à ce que les oignons aient absorbé pratiquement tout le liquide.

Terrine de roquefort aux fruits secs, p. 144

EN DESSERT

Sorbet au citron

Hors du feu, verser la farine sur les oignons et bien remuer pour ne pas avoir de grumeaux.

Remettre sur feu doux et ajouter alors le bouillon petit à petit en remuant bien comme pour faire une béchamel. Ajouter alors le vinaigre, assaisonner et ajouter les rondelles d'œufs.

Laisser cuire encore 5 min à feu doux en faisant attention de ne pas écraser les œufs en remuant.

Servir en cassolettes individuelles.

Le conseil des Jules

- Vous pouvez servir ce plat avec une bonne salade verte et des tranches de jambon cru.
- À défaut de muscat vous pouvez utiliser n'importe quel vin doux (banyuls, porto, moscatel, etc.).

Marmite d'agneau aux artichauts

Faire tremper les raisins secs dans de l'eau très chaude pendant au moins 1 h.

Éplucher et hacher les oignons et les gousses d'ail.

Laver les artichauts poivrades, casser les queues, ôter les feuilles extérieures, trancher les pointes et les couper en quatre.

Dans une casserole, à feu vif, faire réduire le vin blanc de moitié.

Verser dans une cocotte 3 cuil. à soupe d'huile d'olive et y faire dorer les oignons hachés et les cubes d'agneau.

Jeter le gras de cuisson, ajouter le vin blanc réduit, 20 cl d'eau chaude, l'ail haché et les graines de coriandre, saler et poivrer.

Couvrir et laisser mijoter 30 min à feu moyen.

Ajouter dans la cocotte les artichauts, les raisins égouttés et poursuivre la cuisson 30 min jusqu'à réduction du jus de moitié.

Pendant ce temps, laver, peler et couper en deux les pommes de terre.

Faire chauffer dans une grande poêle les 3 cuil. à soupe d'huile d'olive restante et y faire dorer les pommes de terre 15 à 20 min pour les rendre tendres. Saler et poivrer.

Verser les pommes de terre et l'agneau dans un grand plat creux et servir bien chaud parsemé des herbes hachées.

Fraises au chinon, p. 134

EN DESSERT

Gaspacho de fruits rouges au pain d'épices, p. 135

Pour 8 personnes

- *1,5 kg de sauté d'agneau coupé en cubes de 2 cm de côté*
- *1,2 kg de pommes de terre (charlotte)*
- *8 artichauts poivrades*
- *40 g de raisins secs blonds*
- *2 oignons*
- *2 gousses d'ail*
- *25 cl de vin blanc sec*
- *6 cuil. à soupe d'huile d'olive*
- *1 cuil. à soupe de persil plat ciselé*
- *2 cuil. à soupe de menthe fraîche ciselée*
- *1 cuil. à café de graines de coriandre*
- *Sel, poivre du moulin*

Préparation : 30 min

Trempage : 1 h 10

Cuisson : 1 h

côtes-du-rhône

Le conseil des Jules

- Si vous ne trouvez pas d'artichauts poivrades frais, vous pouvez en prendre des surgelés.

Tian de légumes confits à l'agneau

Pour 8 personnes

- 800 g d'agneau haché
- 8 aubergines plutôt longues
- 1, 5 kg de tomates moyennes
- 1, 5 kg de courgettes bien fraîches
- 5 oignons
- 1 poignée de pignons de pin
- 1 bouquet de persil plat
- 2 cuil. à café d'ail en poudre
- 3 cuil. à café de sucre en poudre

• • •

Peler et émincer les oignons.

Couper les aubergines en fines rondelles sans les éplucher et les mettre dans un grand saladier pouvant aller au micro-ondes avec une petite poignée de gros sel. Recouvrir de film alimentaire et mettre à cuire au micro-ondes pendant 10 min, puissance maximale.

Couper les courgettes en rondelles sans les peler.

Couper les tomates en fines rondelles.

Laver et ciseler le persil.

Dans une grande poêle, faire revenir dans 4 cuil. à soupe d'huile d'olive les oignons émincés jusqu'à ce qu'ils blondissent. Ajouter 1 cuil. à café d'ail en poudre, la cannelle, le 4-épices et les pignons. Ajouter la viande hachée, bien mélanger et faire revenir l'ensemble à feu vif en remuant sans cesse pendant 8 min. Ajouter le persil ciselé et réserver.

Préchauffer le four à 180 °C (th. 6).

• • •

- *Herbes de Provence*
- *8 cuil. à soupe d'huile d'olive*
- *1 pincée de cannelle en poudre*
- *1 pincée de 4-épices*
- *2 pincées de piment en poudre*
- *Gros sel, sel, poivre du moulin*

Préparation : 40 min

Cuisson : 1 h 40

cheverny (vallée de la Loire)

Dans un grand plat à gratin (l'idéal est d'avoir un tian : grand plat rectangulaire en terre), faire un lit avec le mélange viande et oignons.

Par-dessus, disposer verticalement une première rangée de rondelles de tomates puis une rangée d'aubergines, puis une rangée de courgettes. Recommencer l'opération jusqu'à épuisement des légumes. Les rondelles de légumes doivent être bien à la verticale. Ne pas hésiter à bien les tasser.

Parsemer l'ensemble d'ail en poudre, du sucre en poudre, d'herbes de Provence, de sel, de poivre et du piment. Arroser le tout du reste d'huile d'olive.

Couvrir d'une feuille de papier aluminium et enfourner pour 45 min de cuisson. Retirer le papier aluminium et remettre à cuire encore 30 min en réduisant un peu la chaleur du four.

Apporter directement le plat sur la table.

Fraises à la menthe et au sirop de poivre, p. 133

EN DESSERT

Vacherin miracle, p. 145

Le conseil des Jules

- Pour simplifier, vous pouvez utiliser des oignons surgelés. Ce tian peut aussi se faire avec du bœuf haché. En été, vous pouvez servir ce plat froid avec une salade verte.

Wok d'agneau aux haricots verts

Pour 8 personnes

- 1,2 kg de gigot d'agneau dégraissé et désossé
- 1 kg de haricots verts frais
- 6 petits oignons nouveaux avec leurs tiges
- 1/2 bouquet de persil plat
- 80 g de noisettes concassées
- 3 cuil. à soupe d'huile d'arachide
- 3 cuil. à soupe d'huile de noisette
- Sel, poivre du moulin

Préparation : 25 min

Cuisson : 12 min

auxey-duresses (Bourgogne) ou saumur-champigny (vallée de la Loire)

Équeuter les haricots verts et les couper en biseau en 2 ou 3 tronçons.

Découper la viande en dés de 1,5 cm de côté, puis saler et poivrer.

Éplucher finement les oignons d'un côté et ciseler les tiges d'un autre.

Laver et ciseler le persil plat.

Faire bouillir une grande quantité d'eau salée et y faire cuire les haricots 4 à 5 min, puis les égoutter.

Préchauffer le wok et y verser l'huile d'arachide avec les oignons hachés puis, quand elle est bien chaude, y faire sauter la viande sur toutes ses faces durant 2 à 3 min.

Ajouter les noisettes broyées, puis les haricots et enfin les tiges d'oignons hachées.

Faire sauter 1 à 2 min supplémentaires et assaisonner avec l'huile de noisette.

Servir immédiatement parsemé de persil ciselé.

Brioche perdue aux poires et à la confiture de lait, p. 126

EN DESSERT

Far breton, p. 132

Le conseil des Jules

- Pour aller encore plus vite, vous pouvez utiliser des haricots verts surgelés.

Marmite d'agneau à la tomate et aux olives

Pour 8 personnes

- 1,4 kg d'épaule d'agneau
- 8 belles tomates
- 200 g de petites olives noires à la niçoise
- 4 oignons
- 10 gousses d'ail
- 40 cl de vin blanc sec
- 1 brin de thym
- 1/2 bouquet de basilic
- 3 cuil. à soupe rases de farine
- 6 cuil. à soupe d'huile d'olive
- Sel, poivre du moulin

Préparation : 35 min

Cuisson : 1 h 25

rosé de Provence

Vacherin miracle, p. 145

EN DESSERT

Petites coupes au chocolat et à l'amande, p. 139

Découper l'épaule d'agneau en cubes de 3 cm de côté en laissant un peu de gras, puis saler et poivrer les cubes sur chaque face.

Peler les oignons et les couper en quatre.

Peler les gousses d'ail et les couper en deux pour retirer le germe.

Plonger les tomates 20 s dans une casserole d'eau bouillante, puis les peler. Les couper en quatre et les épépiner.

Faire chauffer à feu moyen l'huile d'olive dans une cocotte et y faire dorer les cubes d'agneau sur tous les côtés avant de les retirer et les égoutter.

Faire ensuite revenir dans la cocotte les oignons et les gousses d'ail et les faire blondir dans les sucs de cuisson de l'agneau.

Remettre la viande, saupoudrer de farine et remuer soigneusement.

Verser le vin blanc et laisser réduire de moitié.

Ajouter les tomates, le thym et les olives, puis compléter le niveau avec de l'eau chaude. Couvrir ensuite et laisser mijoter 1 h à feu doux.

Ciseler les feuilles de basilic.

En fin de cuisson, ajouter le basilic ciselé.

Servir bien chaud ou réchauffer le plat s'il a été préparé la veille.

Le conseil des Jules

- Servir avec un gratin dauphinois.

Petits farcis

Pour 8 personnes

- *8 gros champignons de Paris*
- *8 poivrons*
- *8 tomates*
- *8 courgettes rondes*
- *4 courgettes longues*
- *4 aubergines*

Pour la farce :

- *800 g de viande de bœuf (ou d'agneau) hachée (ou de chair à saucisse mais c'est moins bon)*
- *200 g de brousse ou de fromage frais*
- *4 gousses d'ail*
- *1 gros bouquet de persil plat*

• • •

Préchauffer le four à 180 °C (th. 6).

Préparer les légumes : laver et gratter les champignons, retirer le pied, jeter le bout terreux et couper le reste des pieds en petits morceaux.

Couper les aubergines et les courgettes longues en deux dans le sens de la longueur et les évider. Récupérer la chair et la couper en petits morceaux.

À l'aide d'un couteau pointu, découper des chapeaux et creuser l'intérieur des courgettes rondes et des tomates. Récupérer la chair et la découper en petits morceaux.

Découper un chapeau aux deux tiers sur chaque poivron. Ôter les graines et les fibres blanches à l'intérieur.

Dans un plat allant au four, disposer les aubergines et les poivrons côté bombé sur le dessus. Saler, poivrer, arroser d'un filet d'huile d'olive et faire cuire pendant 10 min.

Dans une casserole d'eau bouillante, faire blanchir rapidement les courgettes (pas plus de 3 min). Les égoutter.

Préparer ensuite la farce : peler, émincer les oignons et l'ail et les faire revenir dans une poêle avec 3 cuil. à soupe d'huile d'olive. Ajouter le hachis de légumes et faire revenir le tout en mélangeant sans cesse. Ajouter le vinaigre et un filet d'huile d'olive.

• • •

- *2 oignons*
- *15 olives noires*
- *1 cuil. à soupe de pignons de pin*
- *6 cuil. à soupe d'huile d'olive*
- *1 filet de vinaigre de vin*
- *Sel, poivre du moulin*

Préparation : 40 min

Cuisson : 1 h 15 min

côtes-du-ventoux (Provence)

Soupe de cerises au basilic, p. 142

EN DESSERT

Tarte meringuée aux groseilles, p. 143

Ciseler le persil et l'incorporer au mélange.

Couper les olives en petits morceaux. Faire griller les pignons à sec dans une poêle.

Ajouter la viande au mélange de légumes. Bien mélanger. Hors du feu, ajouter le fromage frais, les pignons grillés et les olives. Assaisonner.

Farcir les légumes (dont les tomates) avec cette préparation à l'aide d'une petite cuillère et les disposer dans un grand plat allant au four. Il faut bien les serrer et caler ceux qui ne tiennent pas très droit. Arroser d'un filet d'huile d'olive, remettre les chapeaux.

Enfourner à 150 °C (th. 5) pour 1 h, en couvrant le plat d'une feuille de papier aluminium.

Au bout de ce temps, enlever le papier aluminium et poursuivre la cuisson encore 45 min à 120 °C (th. 4), en surveillant sans cesse. Verser éventuellement un peu d'eau dans le fond du plat si l'ensemble semble un peu sec.

Servir dès la sortie du four.

Le conseil des jules

- Vous pouvez présenter ces farcis avec un riz pilaf et un bon coulis de tomate un peu sucré au basilic.

Daube de bœuf au vin de Cahors

Pour 8 personnes

- 2 kg de paleron de bœuf (ou gîte) coupé en cubes de 3 cm de côté
- 1,4 kg de pommes de terre (charlotte)
- 3 carottes
- 3 poireaux
- 2 oignons
- 2 gousses d'ail
- 150 cl de vin rouge de Cahors, soit 2 bouteilles
- 80 g de raisins secs
- 2 cuil. à soupe de farine
- 2 cuil. à soupe d'huile d'olive

• • •

Faire tremper les raisins secs dans de l'eau très chaude pendant au moins 1 h.

Éplucher et hacher les oignons et les gousses d'ail.

Éplucher et laver les carottes et les détailler en petits dés.

Verser dans une cocotte l'huile d'olive, 30 g de beurre et y faire revenir les oignons, l'ail hachés, ainsi que les dés de carottes pendant environ 10 min.

Une fois les légumes dorés, les retirer. Réserver.

Faire dorer les morceaux de viande dans la cocotte, puis saler, poivrer et saupoudrer de farine.

Bien remuer et faire cuire 2 min à feu doux.

Ajouter le vin, le bouquet garni et porter à ébullition. Ajouter ensuite les légumes dorés.

Couvrir et laisser mijoter 2 h à feu doux.

Pendant ce temps, peler et laver les pommes de terre.

• • •

- 60 g de beurre
- 1 bouquet garni (thym et laurier)
- 1/2 bouquet de persil plat
- Sel, poivre du moulin

Préparation : 20 min

Cuisson : 2 h 25

Trempage : 1 h

cahors (Sud-Ouest) ou corbières (Languedoc-Roussillon)

Faire bouillir une grande casserole d'eau et y faire cuire les pommes de terre pendant 20 min.

Laver et couper les blancs de poireaux en tronçons et les faire cuire 20 min dans de l'eau bouillante salée additionnée du beurre restant.

Égoutter soigneusement les pommes de terre, les laisser refroidir et les couper en dés.

Laver et ciseler le persil.

Retirer le bouquet garni de la cocotte et rectifier l'assaisonnement.

Ajouter les poireaux, les pommes de terre et les raisins secs égouttés.

Laisser à nouveau mijoter l'ensemble 5 min.

Servir bien chaud parsemé de persil ciselé.

Délices de melon aux trois fruits, p. 129

EN DESSERT

Vacherin miracle, p. 145

Le conseil des Jules

- Vous pouvez aussi utiliser un autre vin rouge plutôt corsé.

Daube d'été

Pour 8 personnes

- 2 kg de gîte de bœuf
- 400 g de lard fumé
- 4 saucisses d'Auvergne
- 1 kg de navets
- 1 kg de petites pommes de terre nouvelles
- 1 kg de carottes
- 1 kg de petits pois frais (400 g écossés)
- 1/2 bouquet de céleri en branches
- 40 cl de vin blanc sec
- 1 bouquet de persil plat
- 1/2 bouquet de basilic
- 2 brindilles de thym
- 2 cuil. à soupe d'huile d'olive
- Sel, poivre du moulin

Préparation : 30 min

Cuisson : 2 h 45

saint-chinian (Languedoc-Roussillon)

Découper le lard en 3 ou 4 tranches et les faire blanchir 3 min dans de l'eau bouillante. Égoutter et recouper en petits cubes.

Découper le bœuf en cubes de 3 cm de côté.

Dans une cocotte, faire revenir les lardons dans l'huile d'olive.

Lorsqu'ils sont dorés, les retirer, les remplacer par les cubes de gîte. Faire dorer sur toutes leurs faces.

Remettre alors les lardons, mouiller avec le vin blanc et ajouter 40 cl d'eau.

Saler, poivrer et laisser cuire doucement 2 h à couvert.

Éplucher et laver les carottes et les navets puis les couper en quatre. Éplucher et laver les pommes de terre. Écosser les petits pois. Laver les branches de céleri et les couper en petits tronçons.

Faire cuire séparément les légumes dans de l'eau bouillante salée : carottes 10 min, navets 10 min, pommes de terre 10 min, petits pois et céleri 5 min, puis égoutter le tout.

Piquer les saucisses avec une fourchette, les couper en deux et les faire dorer dans une poêle sans matière grasse.

Laver et hacher toutes les herbes.

Au bout des 2 h de cuisson, ajouter tous les légumes et les herbes puis laisser cuire 30 min supplémentaires.

Servir bien chaud avec les saucisses à part.

Gaspacho de fruits rouges au pain d'épices, **p. 135**

EN DESSERT

Sorbet au cassis

(Le conseil des Jules)

- Vous pouvez remplacer les petits pois frais par 400 g de petits pois surgelés.

Bœuf aux anchois

Pour 8 personnes

- 1,6 kg de gîte de bœuf dégraissé
- 8 oignons
- 150 g d'anchois au sel
- 2 cuil. à soupe de moutarde forte
- 4 cuil. à soupe d'huile d'olive
- 8 cuil. à soupe d'huile d'arachide
- 2 feuilles de laurier
- 1 cuil. à café de thym en poudre
- Sel, poivre du moulin

Préparation : 20 min

Cuisson : 1 h 15

vin de Savoie ou costières-de-nîmes (Languedoc)

Éplucher et émincer les oignons.

Détailler la viande en tranches de 5 mm d'épaisseur en supprimant graisse et nerfs.

Verser l'huile d'olive dans une cocotte puis disposer une couche de viande, puis une couche d'oignons, à nouveau une couche de viande, puis une d'oignons, etc. en terminant par les oignons.

Saler très légèrement, poivrer, ajouter les herbes et couvrir.

Faire cuire à feu très doux sans remuer et sans laisser bouillir, en ajoutant un peu d'eau de temps en temps pour ne pas que la viande se dessèche.

Lorsque les oignons du dessus sont bien blonds, dorés et transparents, et que le jus affleure en surface, le plat est cuit.

Dessaler les anchois, les débarrasser de leurs déchets et les piler avec la moutarde.

Ajouter ensuite l'huile d'arachide en remuant comme pour une mayonnaise puis ajouter 1 cuil. à soupe de jus de cuisson.

Verser la sauce aux anchois dans la cocotte. Mélanger.

Servir bien chaud.

EN DESSERT

Pêches rôties et glace caramel au beurre salé, p. 138

Délices de melon aux trois fruits, p. 129

Le conseil des Jules

- Servez avec des pommes de terre à l'anglaise ou un gratin dauphinois.

Bœuf braisé à l'aigre-douce

Pour 8 personnes

- 1,8 kg de macreuse roulée en rôti
- 1,2 kg de pommes de terre (bintje)
- 6 oignons
- 3 carottes
- 1 boule de céleri-rave
- 150 g de raisins secs
- 1 gousse d'ail
- 60 cl de coulis de tomate
- 12 cl de madère
- 1 bouquet garni (thym et laurier)
- 1/2 bouquet de persil plat
- 1 cuil. à soupe de 4-épices

• • •

Faire tremper les raisins secs dans de l'eau très chaude pendant au moins 1 h.

Éplucher et hacher les oignons et la gousse d'ail. Laver et émincer les carottes et la moitié du céleri-rave.

Verser l'huile d'olive dans une cocotte, faire chauffer et, quand l'huile est chaude, y faire revenir la viande, puis la réserver.

Verser à la place l'ail et les oignons pour les faire blondir.

Ajouter ensuite les carottes et le céleri émincés, le sucre, le coulis de tomate, le madère et le vinaigre. Bien remuer et remettre à chauffer 3 min.

Pendant ce temps, rouler la viande dans le 4-épices et le poivre mignonnette.

Remettre la viande dans la cocotte avec le bouquet garni, saler, couvrir et poursuivre la cuisson à feu très doux pendant 2 h 30 en mouillant de temps en temps avec de l'eau bouillante.

• • •

- 4 cuil. à soupe de vinaigre de vin
- 3 cuil. à soupe d'huile d'olive
- 2 morceaux de sucre
- 50 g de beurre
- 10 cl de lait
- 1 cuil. à café de poivre mignonnette (concassé)
- Sel fin

Préparation : 30 min

Cuisson : 3 h 10

Trempage : 1 h

valencay (vallée de la Loire)

Ajouter ensuite les raisins bien égouttés et poursuivre la cuisson pendant 30 min supplémentaires.

Laver et émincer grossièrement la seconde moitié du céleri-rave.

Éplucher et laver les pommes de terre, puis les faire cuire 25 min avec le céleri-rave dans de l'eau bouillante salée.

Égoutter soigneusement et réduire en purée en incorporant le beurre et le lait.

Laver et ciseler le persil plat.

Au moment de servir, retirer le bouquet garni, puis découper le rôti en tranches, le napper de sauce et le parsemer de persil ciselé.

Servir bien chaud avec la purée.

Verres de chocolat à la crème fouettée, p. 146

EN DESSERT

Sorbet à la mangue

Le conseil des Jules

- Pour gagner du temps, vous pouvez utiliser des oignons émincés surgelés et du coulis de tomate en brique.

Travers de porc aux lentilles

Pour 8 personnes

- 1,5 kg de travers de porc demi-sel
- 800 g de lentilles vertes du Puy
- 4 oignons
- 2 gousses d'ail
- 2 clous de girofle
- 6 feuilles de sauge
- 4 cuil. à soupe d'huile d'arachide
- 1 cuil. à soupe de moutarde forte
- 2 cuil. à soupe de vinaigre de vin
- Sel, poivre du moulin

Préparation : 15 min

Cuisson : 2 h

juliénas (Beaujolais) ou touraine (vallée de la Loire)

Découper la viande en 8 ou 10 morceaux.

Remplir une cocotte d'eau froide, y plonger la viande, porter à ébullition et laisser frémir 30 min.

Éplucher et hacher les oignons.

Peler les gousses d'ail et piquer 1 clou de girofle dans chacune.

Retirer la viande de l'eau, la rincer sous l'eau froide, puis l'égoutter et la remettre dans la cocotte vidée de l'eau de cuisson.

Ajouter les lentilles, les oignons hachés, les feuilles de sauge, les gousses d'ail piquées de clous de girofle et l'huile d'arachide.

Verser alors 3 litres d'eau froide, saler légèrement, poivrer, porter à ébullition, puis réduire et laisser frémir pendant 1 h 30.

Avant de servir, retirer les gousses d'ail et ajouter la moutarde mélangée au vinaigre.

Servir bien chaud.

EN DESSERT

Tarte meringuée aux groseilles, p. 143

Poires épicées pochées au pommeau, p. 140

Le conseil des Jules

- Pour rendre ce plat plus consistant, on peut ajouter 3 ou 4 carottes coupées en rondelles.

Fondue savoyarde aux légumes et au jambon cru

Pour 8 personnes

- *16 tranches de viande des Grisons*
- *8 tranches de jambon cru*
- *800 g de beaufort*
- *800 g de comté*
- *700 g de pain rassis avec la croûte*
- *400 g de bouquets de brocolis*
- *1 chou-fleur*
- *1 bouteille de vin blanc de Savoie*
- *1 tête d'ail*
- *1 ou 2 œufs*
- *1 petit verre de kirsch*
- *1 bonne pincée de noix muscade en poudre*
- *Poivre du moulin*

Préparation : 20 min

Marinade : 2 h

Cuisson : 15 min

morgon (Beaujolais)

Éplucher la tête d'ail, presser les gousses et en faire une purée. Frotter les parois d'un caquelon avec cette purée, verser le vin.

Ajouter la noix muscade, poivrer et laisser mariner 2 h (surtout ne pas saler). Débiter le fromage en lamelles. Couper le pain avec sa croûte en gros dés.

Laver et détacher les bouquets du chou-fleur et des brocolis. Les faire cuire à la vapeur pendant 5 min.

Faire chauffer le caquelon sur feu doux. Il faut compter environ 15 min avant de passer à table.

Amener le vin à ébullition et réduire le feu pour avoir un petit bouillonnement.

Ajouter le fromage petit à petit en remuant sans cesse avec une cuillère en bois en formant un 8. Laisser mijoter sur le feu pour que l'acidité du vin s'évapore et ajouter le petit verre de kirsch au dernier moment.

Dans un plat, disposer les morceaux de pain, les bouquets de chou-fleur et de brocolis ainsi que les viandes.

Poser le caquelon sur le réchaud au moment de passer à table et proposer les légumes et les viandes.

Lorsqu'il ne reste plus qu'un fond de fondue dans le caquelon, la faire gratiner : y casser l'œuf (ou les œufs), remuer le tout en grattant le fromage grillé et déguster.

Croustillants aux marshmallows, p. 127

EN DESSERT

Sorbet à la cerise

(Le conseil des Jules)

- Si la fondue vous semble trop liquide vous pouvez délayer le kirsch avec 1 cuil. à café de Maïzena.

Soupe paysanne au pistou

Pour 8 personnes

- 1,5 kg de petit salé
- 1 kg de pommes de terre
- 600 g de haricots verts
- 500 g de potiron
- 300 g de haricots blancs secs
- 300 g de haricots rouges secs
- 1 courgette
- 3 poireaux
- 8 tomates
- 5 carottes
- 80 g de parmesan
- 80 g de gouda
- 2 oignons rouges

...

Laver les haricots blancs et les haricots rouges. Les mettre dans un saladier. Couvrir d'eau bouillante et laisser reposer au moins 1 h, puis égoutter.

Préparer les légumes : éplucher les carottes, les oignons rouges, les pommes de terre, le potiron. Les couper en morceaux ou en dés. Couper la courgette en morceaux sans la peler. Laver les poireaux, ne garder que le blanc et l'émincer. Peler et émincer les gousses d'ail. Équeuter, laver et couper en deux les haricots verts.

Dans une grande marmite, mettre 5 cl d'huile d'olive à chauffer et ajouter les oignons, les poireaux, le bouquet garni et 1 cuil. à café de sel. Faire chauffer en remuant sans cesse pendant 10 min. Ajouter les haricots égouttés et faire encore cuire pendant 3 à 4 min.

Ajouter le potiron, les carottes et les pommes de terre. Mélanger le tout et poursuivre la cuisson pendant 5 min.

Verser 5 litres d'eau, poivrer et laisser mijoter à découvert tout doucement pendant 1 h 15.

Au bout de ce temps, ajouter les tomates pelées et coupées en gros quartiers ainsi que le petit salé coupé en dés et les morceaux de courgette et de haricots verts.

• • •

- 60 g de vermicelles (ou de coquillettes)
- 4 gousses d'ail
- 1 bouquet garni
- 1 gros bouquet de basilic
- 20 cl d'huile d'olive
- Sel, poivre du moulin

Préparation : 30 min

Trempage : 1 h

Cuisson : 2 h

côtes-de-provence rosé

Remettre à cuire tout doucement pendant 30 min jusqu'à ce que la cuisson des haricots soit terminée.

Goûter pour vérifier l'assaisonnement et le rectifier si nécessaire.

Préparer le pistou : dans un mixeur (pour aller plus vite) ou au mortier (pour respecter les règles de l'art), mélanger le basilic, l'ail épluché, 1 cuil. à café de sel fin. Incorporer le reste d'huile d'olive petit à petit et mixer (ou piler) jusqu'à l'obtention d'une pâte ayant la consistance d'une pommade. Incorporer 30 g de parmesan râpé et remuer à nouveau.

5 min avant de servir, ajouter les vermicelles (ou les coquillettes) dans la soupe qui cuit.

Servir la soupe bien chaude avec, à part, les deux fromages râpés et le pistou que chacun ajoutera à son goût dans son assiette.

Far breton, p. 132

EN DESSERT

Tarte meringuée aux groseilles, p. 143

Le conseil des Jules

- En été, cette soupe est délicieuse froide.
- Vous pouvez préparer le pistou en grande quantité et le congeler.

Gratin paysan aux saucisses

Pour 8 personnes

- 8 saucisses aux herbes
- 1,5 kg de pommes de terre
- 70 g de beurre
- 5 gros oignons
- 20 cl de vin blanc sec
- Sel, poivre du moulin

Préparation : 15 min

Cuisson : 50 min

graves (Bordelais)

Préchauffer le four à 180 °C (th. 6).

Peler et émincer les oignons. Peler et couper les pommes de terre en gros dés.

Faire fondre 50 g de beurre dans un faitout. Dès que le beurre grésille, ajouter les oignons et les faire blondir puis ajouter les saucisses et faire dorer légèrement le tout en remuant sans cesse.

Verser 20 cl d'eau, le vin blanc puis les dés de pommes de terre, mélanger bien et poivrer largement sans trop saler.

Enduire de beurre un plat à gratin, y répartir les saucisses puis le mélange pommes de terre et oignons et enfourner pendant 40 min en surveillant que le gratin ne dessèche pas. Si c'est le cas, ajouter un peu d'eau au cours de la cuisson.

Servir avec une bonne salade verte aux échalotes.

Fraises à la menthe et au sirop de poivre, p. 133

EN DESSERT

Glace au caramel

Le conseil des Jules

- Ne lésinez pas sur la qualité des saucisses.
- Ne salez pas trop, les saucisses le sont déjà.

Potée arlésienne au chou rouge

Laver et émincer les choux rouges en enlevant les premières feuilles et les côtes épaisses.

Peler et émincer les oignons. Éplucher les pommes et les couper en quartiers.

Laver et essuyer les poires. Piquer les saucisses avec une fourchette. Détailler les tranches de lard frais en cubes de 1 à 2 cm de côté.

Verser l'huile d'olive dans une cocotte et y faire blondir les oignons émincés 3 à 4 min.

Ajouter ensuite la moitié du chou rouge, saler et poivrer. Ajouter ensuite les saucisses, le thym, les feuilles de laurier et la pincée de noix muscade, puis les quartiers de pommes, les poires entières et terminer par l'autre moitié du chou. Ajouter les cubes de lard.

Couvrir avec le vinaigre et 50 cl d'eau chaude et laisser mijoter 40 min à feu doux.

Au bout de ce temps, retirer les poires et les saucisses et réserver au chaud. Ajouter la cassonade et poursuivre la cuisson environ 40 min à feu doux en ajoutant un peu d'eau si nécessaire.

Pendant ce temps, éplucher les pommes de terre et les faire cuire à l'eau 20 min.

Écraser les pommes de terre grossièrement avec une fourchette et y ajouter 150 g de beurre, servir à part.

Avant de passer à table, éliminer les feuilles de laurier et les brins de thym, puis ajouter les 100 g de beurre restant et remettre quelques instants sur le feu. Servir la potée très chaude avec les pommes de terre écrasées.

Verres de chocolat à la crème fouettée, p. 146

EN DESSERT

Glace à la menthe

Pour 8 personnes

- *200 g de lard frais en tranches un peu épaisses*
- *8 belles saucisses de porc et veau*
- *250 g de beurre*
- *2 choux rouges*
- *2 kg de pommes de terre (bintje)*
- *1 kg de pommes (reinette)*
- *8 poires (conférence)*
- *2 oignons*
- *50 g de cassonade*
- *4 feuilles de laurier*
- *4 brins de thym frais*
- *1 pincée de noix muscade en poudre*
- *20 cl de vinaigre de vin*
- *4 cuil. à soupe d'huile d'olive*
- *Sel, poivre du moulin*

Préparation : 30 min

Cuisson : 1 h 30

côtes-du-rhône

Le conseil des Jules

- Pour simplifier, vous pourrez ajouter les pommes de terre directement dans la cocotte à mi-cuisson.

Rôti de porc *à l'orange* et *gratin* dauphinois à la *muscade*

Pour 8 personnes

- *1,6 kg de rôti de porc*
- *1,5 kg de jeunes courgettes, bien brillantes et fermes*
- *2 kg de pommes de terre à chair ferme*
- *5 oignons*
- *4 oranges*
- *2 litres de jus d'orange*
- *1 litre de crème fraîche liquide*
- *3 cuil. à soupe de miel*
- *75 g de beurre*
- *4 pincées d'ail en poudre*
- *2 cuil. à soupe d'huile d'olive*

…

Préchauffer le four à 180 °C (th. 6).

Éplucher et émincer les oignons. Les mettre dans un plat allant au four, poser dessus le rôti de porc parsemé de poivre concassé, recouvrir avec le jus d'orange.

Couvrir le tout d'une feuille de papier aluminium et mettre au four pour 50 min de cuisson.

Pendant ce temps, préparer la sauce à l'orange : prélever les zestes des oranges à l'aide d'un couteau économe. Essayer d'obtenir de petites lanières ne dépassant pas 1 cm de largeur. Mettre à blanchir les zestes pendant 5 min dans de l'eau bouillante. Égoutter.

Dans une casserole, faire revenir les zestes d'oranges dans 70 g de beurre, ajouter le miel, attendre qu'il bouille à gros bouillons. Ajouter alors le vinaigre balsamique, chauffer en tournant sans cesse de manière à bien saisir les zestes (qui vont un peu se déformer sous l'effet de la chaleur).

Une fois la viande cuite, ajouter le jus d'orange récupéré dans le plat du rôti. Faire chauffer sur feu doux pendant 15 min pour faire réduire la sauce.

Épaissir la sauce avec le fond de veau de manière à obtenir la consistance souhaitée.

Peler les pommes de terre et surtout ne pas les laver, il faut absolument en conserver l'amidon. Les couper en fines rondelles à l'aide d'un robot.

Beurrer un plat à gratin. Mettre une couche épaisse de pommes de terre. Saupoudrer de 2 pincées d'ail en poudre, de noix muscade, de sel, de poivre et étaler à nouveau une couche de pommes de terre. Saupoudrer encore une fois d'ail en poudre et de noix muscade.

• • •

- *2 cuil. à soupe de vinaigre balsamique*
- *2 cuil. à soupe de fond de veau*
- *2 pincées de noix muscade en poudre*
- *1 bouquet de ciboulette*
- *1 bouquet de persil plat*
- *1 cuil. à café de poivre concassé*
- *Sel, poivre du moulin*

Préparation : 40 min

Cuisson : 2 h 05

saint-nicolas-de-bourgueil (vallée de la Loire)

Recouvrir le tout de crème fraîche liquide, il faut que les pommes de terre soient bien recouvertes.

Enfourner à 150 °C (th. 5) pour 1 h 15 de cuisson. Attention cela peut déborder un peu ! Prévoir une feuille de papier aluminium dans le fond du four.

Laver et couper les jeunes courgettes en rondelles. Ciseler les herbes.

Mettre à chauffer l'huile d'olive dans une poêle antiadhésive, ajouter les rondelles de courgettes et agiter la poêle pour les faire sauter à feu vif. Ajouter le reste d'ail en poudre, et faire sauter l'ensemble très rapidement pendant 2 à 3 min de manière à garder les courgettes croquantes.

Découper le rôti. Découper les oranges en rondelles.

Mettre le rôti sur un plat, napper de sauce à l'orange, décorer de rondelles d'oranges.

Entourer la viande avec les courgettes. Accompagner le tout du gratin de pommes de terre.

Soupe de cerises au basilic, p. 142

EN DESSERT

Double macaron à la mousse au chocolat, p. 130

Le conseil des Jules

- Le rôti peut être cuit à l'avance : il se découpe bien mieux froid. Vous faites ainsi des tranches plus fines !
- Tout peut se préparer à l'avance. Seules les courgettes méritent d'être sautées à la dernière minute.

Pommes de terre des vendangeurs

Pour 8 personnes

- 600 g de fines tranches de poitrine fumée
- 600 g de fines tranches de poitrine demi-sel
- 2 kg de pommes de terre
- 250 g d'emmental râpé
- 70 g de beurre
- Poivre du moulin

Préparation : 20 min

Cuisson : 2 h 15

fleurie (Beaujolais)

Préchauffer le four à 240 °C (th. 8).

Éplucher les pommes de terre, les couper en tranches un peu épaisses.

Tapisser un plat à gratin d'une couche de pommes de terre. La recouvrir d'une couche d'emmental râpé, poivrer, couvrir d'une couche de poitrine demi-sel.

Renouveler l'opération 3 fois et terminer en couvrant le tout d'une couche de poitrine fumé.

Parsemer l'ensemble de noisettes de beurre.

Faire cuire à four chaud pendant 30 min.

Réduire la chaleur du four à 180 °C (th. 6) et continuer la cuisson pendant 1 h.

Recouvrir le plat de papier aluminium et remettre à nouveau au four pour 45 min supplémentaires.

EN DESSERT

Pêches rôties et glace caramel au beurre salé, p. 138

Sorbet aux fruits rouges

Veau aux pruneaux farcis de foie gras

Pour 8 personnes

- 1 rôti de veau dans l'épaule en longueur de 1,8 kg
- 350 g de lardons nature
- 300 g de foie gras cuit
- 1 kg de champignons de Paris
- 1 kg d'épinards en branches surgelés
- 400 g de gros pruneaux dénoyautés
- 3 gros oignons
- 20 cl de vin doux
- 70 g de beurre
- 150 g de crème fraîche
- 1/2 cuil. à café de 4-épices
- 6 cuil. à soupe d'huile neutre
- Sel, poivre du moulin

Préparation : 30 min

Cuisson : 1 h 15

pessac-léognan (Bordelais)

Préchauffer le four à 210 °C (th. 7).

Ouvrir les pruneaux et les farcir de foie gras. En réserver quelques-uns.

Avec un petit couteau pointu, entailler le rôti sur tous les côtés et y introduire les pruneaux farcis. Bien refermer la viande et la ficeler.

Mettre le rôti dans un plat allant au four, beurré, parsemer le dessus de noisettes de beurre et de 3 cuil. à soupe d'huile. Saler, poivrer et mouiller avec le vin doux. Disposer les pruneaux réservés autour du rôti. Couvrir de papier aluminium.

Enfourner pour 1 h 15 de cuisson. Retourner le rôti toutes les 15 min et l'arroser de jus. Retirer le papier aluminium à mi-cuisson.

Pendant la cuisson de la viande, préparer les légumes : cuire les épinards en branches, bien saler et ajouter la crème fraîche et le 4-épices. Peler et émincer les oignons, préparer les champignons et les couper en lamelles.

Dans une poêle antiadhésive, faire revenir les lardons dans l'huile restante. Ajouter les oignons émincés, les champignons en lamelles, saler, poivrer et faire cuire à découvert pendant 10 min.

Après la cuisson du rôti, faire réduire un peu la sauce récupérée au fond du plat dans une casserole. S'il vous reste un peu de foie gras, le faire fondre dans la sauce.

Pour servir, couper le rôti en fines tranches entourées des épinards et des champignons. Napper de sauce et servir le reste en saucière.

Petites coupes au chocolat et à l'amande, p. 139

EN DESSERT

Vacherin miracle, p. 145

Le conseil des Jules

- Bien utiliser du foie gras et non du pâté de foie !
- Pour faire de belles tranches il est plus facile de cuire le veau et de le laisser refroidir avant de le couper, la présentation n'en sera que plus belle !

Blanquette de veau à la badiane

Pour 8 personnes

- 2 kg de veau (tendron, poitrine, épaule)
- 3 carottes
- 1 branche de céleri
- 2 poireaux
- 1 kg de champignons de Paris
- 350 g de lardons fumés
- 30 petits oignons grelots surgelés
- 2 oignons
- 4 gousses d'ail
- 300 g de crème fraîche
- 4 jaunes d'œufs
- 2 citrons (jus)
- 75 cl de vin blanc sec
- 3 fleurs de badiane (anis étoilé)

• • •

Couper la viande en gros morceaux (5 cm de côté environ).

Peler les oignons et les piquer de clous de girofle. Peler les carottes et les couper en bâtonnets.

Bien rincer et couper en lamelles le blanc des poireaux et la branche de céleri.

Mettre l'anis dans le bouquet garni en ficelant le tout dans une gaze avec le vert des poireaux.

Dans une grande cocotte, faire chauffer l'huile et 50 g de beurre, y faire dorer en plusieurs fois la viande, puis la réserver.

Ajouter ensuite les gousses d'ail pelées, les oignons piqués de clous de girofle, les poireaux émincés et le céleri. Faire suer le tout.

Ajouter la viande et le vin blanc et couvrir le tout d'eau froide (environ 2 litres). Ajouter le bouquet garni.

Porter doucement à ébullition, écumer, couvrir et laisser cuire à feu doux pendant 45 min.

Ajouter alors les carottes et continuer la cuisson de l'ensemble pendant 45 min.

Pendant ce temps, préparer la garniture : nettoyer les champignons et les couper en quatre. Dans une casserole, faire fondre 50 g de beurre avec la cassonade. Ajouter les oignons grelots et les faire revenir jusqu'à ce qu'ils blondissent. Ajouter les lardons puis les champignons. Bien assaisonner en poivrant abondamment et faire cuire à feu moyen pendant 10 min en tournant de temps en temps.

• • •

- *2 clous de girofle*
- *1 bouquet garni (persil plat, laurier, thym)*
- *2 pincées de noix muscade en poudre*
- *150 g de beurre*
- *50 g de farine*
- *2 cuil. à soupe de cassonade*
- *3 cuil. à soupe d'huile neutre*
- *Sel, poivre du moulin*

Préparation : 30 min

Cuisson : 1 h 45

côtes-de-provence

Après la cuisson de la viande, récupérer les oignons et les gousses d'ail et jeter le bouquet garni.

Faire fondre 50 g de beurre dans une casserole. Y écraser les oignons et les gousses d'ail à la fourchette. Saupoudrer l'ensemble de farine et mouiller en tournant sans cesse sur feu doux avec le bouillon de la blanquette jusqu'à l'obtention d'une sauce assez liquide.

Mélanger ce roux avec la viande et ajouter la noix muscade. Tout ceci peut se faire à l'avance mais la dernière opération, ci-dessous, ne se fait qu'au moment de passer à table.

Bien réchauffer la viande.

Dans un bol, délayer la crème fraîche avec les jaunes d'œufs et le jus des citrons.

Verser ce mélange dans la cocotte, remuer le tout sur feu très doux sans faire bouillir et servir aussitôt avec un riz pilaf et la garni-

Sabayon au pommeau et sorbet pomme verte, p. 141

EN DESSERT

Glace au café

Le conseil des Jules

- On fait aux États-Unis une blanquette à l'aneth un peu surprenante mais délicieuse. Il suffit de jeter à la dernière minute dans la marmite 1/2 bouquet d'aneth ciselé !
- Si la sauce est trop liquide, délayez à part 1 cuil. à café de Maïzena avec un peu de sauce et remettez à cuire tout doucement.
- Vous pouvez accompagner la blanquette de salsifis cuits dans du beurre et un peu de sucre.

Sauté de veau aux cèpes et à la compotée d'oignons et de marrons

Pour 8 personnes

- 8 escalopes de veau
- 250 g de lardons nature
- 3 kg d'oignons
- 2 sachets (250 g) de marrons sous vide
- 150 g de cèpes séchés
- 500 g de crème fraîche
- 1 cuil. à café de Maïzena
- • 50 g de beurre
- 3 cuil. à soupe d'huile neutre
- 2 clous de girofle
- 3 cuil. à soupe de cassonade
- 20 cl de vinaigre de vin
- 40 cl de porto
- Croûtons à l'ail à volonté
- Sel, poivre du moulin

Préparation : 10 min

Trempage : 30 min

Cuisson : 2 h 30 min

minervois (Languedoc)

Faire tremper les cèpes dans un saladier rempli d'eau chaude pendant 30 min.

Peler les oignons. En réserver 2 et les couper les autres en rondelles.

Dans une cocotte, faire chauffer l'huile et y faire revenir les lardons, ajouter les oignons en rondelles, les clous de girofle, la cassonade et le vinaigre. Saler et poivrer.

Couvrir et faire cuire à feu doux pendant au moins 2 h. En cours de cuisson, tourner de temps en temps et ajouter éventuellement un peu de beurre pour obtenir une compote d'oignons brune, onctueuse et homogène.

10 min avant la fin de la cuisson, ajouter les marrons et mélanger délicatement. Maintenir au chaud.

Couper les escalopes en petits morceaux. Hacher les 2 oignons restants.

Faire chauffer le beurre dans une grande poêle antiadhésive. Y faire revenir les oignons. Quand ils sont encore blonds, ajouter la viande émincée.

Quand tout est bien revenu, verser le porto, les cèpes et 2 louches d'eau de trempage des cèpes. Saler et poivrer. Faire réduire sur feu doux.

Délayer la Maïzena dans la crème fraîche, verser dans la poêle et faire chauffer à feu doux encore 10 min.

Servir bien chaud avec la compotée d'oignons et de marrons à part et un bol de croûtons à l'ail.

Sabayon au pommeau et sorbet pomme verte, p. 141

EN DESSERT

Gratin d'agrumes aux zestes confits, p. 136

Le conseil des Jules

- Vous pouvez présenter la compotée d'oignons au milieu d'une couronne de riz basmati.

Fricassée de veau aux olives

Pour 8 personnes

- 1,8 kg d'épaule de veau (bien dégraissée)
- 30 à 40 olives vertes dénoyautées
- 8 échalotes
- 2 oignons
- 10 gousses d'ail
- 1/2 bouquet de persil plat
- 20 cl de vin blanc sec
- 3 cuil. à soupe de farine
- 4 cuil. à soupe d'huile d'olive
- 50 g de beurre
- 2 cubes de bouillon de volaille
- 1 bonne pincée de thym
- 1 feuille de laurier
- Sel, poivre du moulin

Préparation : 30 min

Cuisson : 1 h 20

sancerre blanc (vallée de la Loire)

Découper le veau en cubes de 3 cm de côté, puis les saler et les poivrer sur chaque face.

Peler les oignons, les échalotes et les gousses d'ail. Émincer les oignons.

Préparer 75 cl de bouillon de volaille avec les 2 cubes.

Verser 2 cuil. à soupe d'huile d'olive et le beurre dans une cocotte et y faire revenir à feu vif les oignons émincés, les échalotes et les gousses d'ail. Retirer ensuite de la cocotte et réserver sur une assiette.

Verser dans la cocotte l'huile d'olive restante et y faire revenir les cubes de veau, en les faisant dorer sur chacune des faces. Saupoudrer avec la farine et laisser cuire 1 min en remuant sans cesse.

Ajouter le vin blanc, le thym et le laurier, puis ajouter le bouillon. Saler et poivrer.

Couvrir et laisser mijoter 50 min à feu doux.

Après ce temps, ajouter les olives bien rincées, les oignons, l'ail et les échalotes, puis prolonger la cuisson de 15 min.

Laver et hacher le persil.

Retirer le thym et le laurier.

Servir la fricassée bien chaude parsemée de persil haché.

Pêches rôties et glace caramel au beurre salé, p. 138

EN DESSERT

Fraises à la menthe et au sirop de poivre, p. 133

Le conseil des Jules

- Accompagnez cette fricassée d'une purée de pommes de terre et carottes.

Feuilles de chou farcies

Pour 8 personnes

- 1 kg de veau haché
- 1 beau chou vert
- 170 g de beurre
- 3 oignons
- 100 g de riz
- 4 cuil. à soupe de vinaigre
- 1/2 bouquet de persil plat
- 4 brindilles de thym
- Sel et poivre du moulin

• • •

Laver le chou dans de l'eau additionnée de 1 cuil. à soupe de vinaigre, après en avoir retiré les feuilles extérieures abîmées.

Faire bouillir dans une cocotte une grande quantité d'eau salée avec le reste de vinaigre et y faire blanchir le chou 10 min. Le retirer et l'égoutter soigneusement.

Faire cuire le riz dans une casserole d'eau bouillante salée (pas trop longtemps : il cuit ensuite 15 min à la poêle et 1 h au four) et bien l'égoutter.

Peler et hacher les oignons. Laver et hacher le persil.

Faire fondre dans une poêle 150 g de beurre et y faire revenir les oignons hachés, puis le veau, le persil haché, le thym écrasé, le riz. Saler et poivrer puis laisser cuire 10 à 15 min. Retirer du feu.

Préchauffer le four à 180 °C (th. 6).

Détacher une à une les feuilles de chou en faisant attention de ne pas les déchirer.

Poser les feuilles bien à plat et les garnir chacune d'un peu de farce, les rouler en formant de petits paquets et les aligner dans un plat à gratin préalablement beurré (compter 3 feuilles par personne).

• • •

Pour la sauce :
- *3 œufs*
- *3 citrons (jus)*

Préparation : 25 min

Cuisson : 1 h 20

vin de pays d'Oc ou saint-joseph (vallée du Rhône)

Recouvrir d'eau à mi-hauteur, saler et poivrer légèrement puis poser une feuille de papier aluminium en couvercle.

Enfourner et laisser cuire 1 h en remettant de l'eau en cours de cuisson si nécessaire, sachant qu'en fin de cuisson pratiquement toute l'eau doit être absorbée.

Pour la sauce, séparer les blancs des jaunes et presser les citrons.

Battre les blancs en neige, puis ajouter petit à petit les jaunes et le jus des citrons.

Verser le mélange dans une casserole avec un peu de jus de cuisson des feuilles de chou, saler légèrement et faire épaissir doucement sur le feu en remuant délicatement.

Servir bien chaud les feuilles de chou nappées de sauce.

Crumble express de figues fraîches, p. 128

EN DESSERT

Petites coupes au chocolat et à l'amande, p. 139

Le conseil des Jules

- Pour changer, vous pouvez utiliser de la chair à saucisse revenue avec des tomates concassées.

Veau confit aux légumes de printemps

Pour 8 personnes

- 1,4 kg de quasi de veau
- 16 petites carottes nouvelles avec leurs fanes
- 12 pommes de terre nouvelles
- 400 g de fèves écossées
- 8 petits navets nouveaux
- 30 oignons grelots
- 6 gousses d'ail
- 40 cl de vin blanc sec
- 1 cuil. à soupe de farine
- 6 cuil. à soupe de fond de veau
- Thym et laurier
- 2 morceaux de sucre
- 4 cuil. à soupe d'huile d'olive
- Sel, poivre du moulin

Préparation : 30 min

Cuisson : 1 h

côtes-de-beaune (Bourgogne)

Découper le veau en cubes de 3 cm de côté, saler et poivrer les morceaux sur chaque face.

Peler et hacher les oignons et les gousses d'ail. Laver et peler les carottes en laissant 3 cm de fanes.

Éplucher, laver et couper en quatre les navets et les pommes de terre.

Verser 2 cuil. à soupe d'huile d'olive dans une cocotte et y faire revenir à feu vif les cubes de veau en les faisant dorer sur chaque face, saupoudrer de farine et laisser cuire 1 min en remuant sans cesse.

Retirer la viande et réserver sur une assiette.

Verser dans la cocotte l'huile d'olive restante et y faire revenir 5 à 6 min, en remuant régulièrement, oignons, carottes, pommes de terre, navets et gousses d'ail.

Ajouter ensuite la viande, le fond de veau, le vin blanc, du thym et du laurier, compléter avec 40 cl d'eau chaude, saler et poivrer. Couvrir et laisser mijoter 30 min à feu doux.

Ajouter ensuite les fèves et le sucre puis prolonger la cuisson de 15 min.

Retirer le thym et le laurier, rectifier l'assaisonnement.

Servir bien chaud.

EN DESSERT

Far breton, p. 132

Croustillants aux marshmallows, p. 127

Le conseil des Jules

- Pour gagner du temps, vous pouvez utiliser des fèves surgelées.

Double côte de veau aux petits légumes

Pour 8 personnes

- *4 côtes de veau épaisses (600 g chacune)*
- *1 céleri-rave*
- *8 carottes*
- *500 g d'oignons grelots surgelés*
- *3 brindilles de thym en fleur*
- *100 g de beurre*
- *3 gousses d'ail*
- *2 cuil. à soupe d'huile neutre*
- *Farine*
- *20 cl de vin blanc sec*
- *1 poignée de pignons de pin*
- *Sel, poivre du moulin*

Préparation : 10 min

Cuisson : 30 min

mâcon supérieur (Bourgogne)

Fariner les côtes de veau et les enduire de thym en fleur.

Éplucher le céleri et le couper en huit. Éplucher les gousses d'ail et les couper en deux. Éplucher les carottes et les couper en gros morceaux.

Faire chauffer l'huile dans une sauteuse, y saisir les oignons puis faire revenir la viande sur tous les côtés.

Ajouter tous les légumes. Saler et poivrer.

Couvrir et laisser cuire doucement pendant 30 min.

Retirer les côtes de veau et les légumes.

Faire griller les pignons à sec dans une poêle anti-adhésive.

Déglacer la sauteuse avec le vin blanc, amener au premier bouillon et ajouter le beurre.

Dresser la viande et la garniture de légumes sur un plat. Arroser de sauce. Parsemer le dessus de pignons grillés.

EN DESSERT

Sabayon au pommeau et sorbet pomme verte, p. 141

Terrine de roquefort aux fruits secs, p. 144

Le conseil des Jules

- Vous pouvez accompagner ce plat d'une écrasée de pommes de terre au beurre d'ail et persillée. Il suffit de faire bouillir avec leur peau la quantité de pommes de terre voulue, de les peler et de les écraser sommairement à la fourchette en ajoutant de la pulpe d'ail bouilli, du beurre à volonté et du persil plat ciselé.
- Vous pouvez aussi parsemer l'écrasée de pignons grillés.

Farfalle d'automne

Pour 8 personnes

- *500 g de farfalle (pâtes papillons)*
- *500 g de haricots verts frais*
- *400 g de pleurotes*
- *200 g de magret de canard fumé en tranches*
- *100 g de noix du Périgord*
- *4 cuil. à soupe de crème fraîche*
- *2 cuil. à soupe d'huile d'arachide*
- *1 bouquet de ciboulette*
- *4 cuil. à soupe de gros sel*
- *Sel, poivre du moulin*

Préparation : 15 min

Cuisson : 20 min

hermitage (vallée du Rhône) ou aloxe-corton (Bourgogne)

Laver et équeuter les haricots verts, puis les couper en trois.

Faire bouillir une grande quantité d'eau dans un faitout avec le gros sel et l'huile.

Laver et émincer les pleurotes.

Avec des ciseaux, prélever le gras des tranches de magret et le faire rissoler dans une poêle.

Une fois le gras fondu, ajouter les pleurotes émincées, saler et poivrer légèrement. Faire cuire 8 à 10 min à feu moyen.

Quand l'eau est à ébullition, y verser les farfalle et les tronçons de haricots verts et laisser cuire 12 min à feu moyen.

Pendant ce temps, hacher les noix et ciseler la ciboulette.

Au bout de 12 min de cuisson, goûter les farfalle et les haricots qui doivent rester *al dente*.

Égoutter les farfalle et les haricots et les verser dans un grand plat creux chauffé.

Ajouter les pleurotes, les tranches de magret et la crème fraîche.

Bien mélanger et parsemer ensuite de ciboulette et de noix hachées.

Servir bien chaud.

EN DESSERT

Panacotta au coulis de pruneau, p. 137

Crumble express de figues fraîches, p. 128

Le conseil des Jules

- Pour gagner du temps, vous pouvez utiliser des haricots verts surgelés et remplacer les pleurotes par des champignons de Paris frais.

Tourte au poulet fumé

Pour 8 personnes

- 1 poulet fumé
- 300 g de champignons de paris
- 80 g de lardons fumés
- 2 pâtes feuilletées, pur beurre, prêtes à dérouler
- 50 g de gruyère râpé
- 1 bouquet d'estragon
- 6 échalotes
- 3 cuil. à soupe de porto
- 5 œufs
- 70 g de beurre
- 2 cuil. à soupe de Maïzena
- 15 cl de crème fraîche épaisse
- Sel, poivre du moulin

Préparation : 25 min

Cuisson : 45 min

côtes-de-beaune (Bourgogne)

Préchauffer le four à 180 °C (th. 6)

Découper le poulet fumé. Le désosser et couper la chair en morceaux.

Laver rapidement les champignons et les émincer.

Peler et émincer les échalotes et les faire revenir dans une grande sauteuse avec 50 g de beurre.

Ajouter les champignons et les lardons. Faire revenir le tout pendant 5 min.

Battre les œufs en omelette.

Hors du feu, ajouter la Maïzena au mélange de champignons puis ajouter le porto, la crème fraîche, le gruyère râpé et enfin les œufs en omelette. Saler et poivrer.

Fariner et beurrer un moule à tarte.

Tapisser le moule avec le premier rouleau de pâte feuilletée, répartir les morceaux de poulet par-dessus, ajouter la préparation et l'estragon ciselé.

Dérouler par-dessus la deuxième pâte feuilletée, souder les bords en mouillant avec un peu d'eau. Faire une cheminée au centre.

Enfourner pour 35 min de cuisson.

Servir chaud ou froid avec une bonne salade verte.

Terrine de roquefort aux fruits secs, p. 144

EN DESSERT

Soupe de cerises au basilic, p. 142

Le conseil des Jules

- Pour une meilleure présentation, vous pouvez badigeonner le dessus de la tourte avec 1 œuf battu mélangé à 2 cuil. à soupe d'eau.
- Choisissez les meilleures pâtes que vous trouvez.
- Vous pouvez tout préparer la veille et ne réchauffer l'ensemble qu'au moment du dîner. Dans ce cas, gardez les volailles entières dans du papier aluminium et découpez-les au moment de réchauffer le tout. Vous pouvez très bien congeler les restes.

Magrets de canard au miel et aux deux pommes

Pour 8 personnes

- 4 magrets de canard
- 1 kg de pommes de terre
- 1,5 kg de pommes (golden)
- 150 g de beurre salé
- 10 cl de calvados
- 5 cuil. à soupe de crème fraîche épaisse
- 1 cuil. à soupe de miel
- 3 gousses d'ail

• • •

Fendre jusqu'à la chair la peau des magrets en y dessinant de larges croisillons.

Peler et couper les pommes en huit.

Faire cuire pendant 15 min dans une grande casserole d'eau salée les pommes de terre.

Éplucher les pommes de terre et les couper en gros dés.

Chauffer à feu vif une poêle antiadhésive et y poser les magrets côté peau, réduire le feu et faire cuire 10 min.

Récupérer le gras rendu dans une autre poêle, faire bien chauffer à feu vif et y mettre les pommes de terre à cuire avec les gousses d'ail non épluchées. Garder le feu vif et faire sauter les pommes de terre en remuant le manche de la poêle sans utiliser de cuillère. Saler à la fleur de sel.

Dans une autre poêle, faire fondre le beurre sur feu vif. Lorsqu'il est bien chaud, y jeter les pommes. Procéder comme pour les pommes de terre : remuer la poêle sans utiliser de cuillère pour remuer afin de ne pas briser les pommes.

Lorsque les pommes sont cuites, les flamber au calvados et poivrer abondamment.

•••

- *1 cuil. à café de baies roses*
- *2 cuil. à soupe de vinaigre balsamique*
- *Fleur de sel, poivre du moulin*

Préparation : 10 min

Cuisson : 20 min

pomerol (Bordelais)

Petites coupes au chocolat et à l'amande, p. 139

EN DESSERT

Vacherin miracle, p. 145

Retourner les magrets côté chair et laisser cuire encore 5 min, jeter dans les pommes de terre l'excédent de graisse.

Quand les magrets sont cuits, les maintenir au chaud entre 2 feuilles de papier aluminium.

Laisser l'équivalent de 3 cuil. à soupe de graisse dans le fond de la poêle et y faire caraméliser le miel sur feu assez vif. Lorsque le miel bout à gros bouillons, ajouter du sel. Hors du feu, ajouter le vinaigre balsamique, la crème fraîche et un filet d'eau. Remettre sur le feu pour faire épaissir un peu la sauce.

Couper les magrets en tranches fines.

Les disposer sur un plat, les entourer des pommes de terre et des pommes fruits, napper le tout de sauce, parsemer de baies roses, servir aussitôt.

(Le conseil des Jules)

- Choisissez de préférence des pommes golden du Limousin, elles tiennent très bien à la cuisson.

Cuisses de canard confites, haricots blancs en cocotte

Pour 8 personnes

- 8 cuisses de canard confites
- 600 g de haricots secs blancs
- 3 carottes
- 3 tomates
- 2 oignons
- 2 gousses d'ail
- 1 bouquet garni
- 1 cuil. à soupe de concentré de tomate
- 1/2 bouquet de persil plat
- Sel, poivre du moulin

Préparation : 30 min

Cuisson : 1 h

madiran (Sud-Ouest)

Mettre les haricots dans une casserole, couvrir largement d'eau froide et porter à ébullition tout en écumant. Dès que l'eau bout, égoutter et rincer les haricots.

Remettre les haricots dans la casserole avec le bouquet garni et couvrir d'eau.

Laisser cuire 30 min à feu moyen. Égoutter. Jeter le bouquet garni.

Pendant ce temps, plonger les tomates 20 s dans une grande casserole d'eau bouillante, puis les passer sous l'eau froide. Ôter la peau et les pépins, couper la chair en petits cubes.

Éplucher et couper les carottes en fines rondelles. Éplucher et hacher les oignons et les gousses d'ail.

Déposer les cuisses de canard dégraissées dans une cocotte et les laisser dorer à feu doux avec les oignons et l'ail hachés.

Ajouter ensuite les haricots, les rondelles de carottes, les dés de tomates et le concentré de tomate délayé dans 2 cuil. à soupe d'eau chaude.

Saler, poivrer et laisser mijoter doucement 30 min.

Pendant ce temps, ciseler le persil.

Servir bien chaud parsemé de persil ciselé.

Délices de melon aux trois fruits, p. 129

EN DESSERT

Sorbet à la framboise

Le conseil des Jules

- Pour gagner du temps, vous pouvez utiliser une boîte de tomates pelées concassées.

Poulet au lard et à la bière rousse

Pour 8 personnes

- *8 escalopes de poulet fermier*
- *16 tranches fines de lard*
- *16 pruneaux dénoyautés*
- *200 g de raisins de Corinthe*
- *66 cl de bière rousse (2 canettes)*
- *2 oignons*
- *4 échalotes*
- *4 cuil. à soupe d'huile d'olive*
- *Sel, poivre du moulin*

Préparation : 20 min

Cuisson : 55 min

régnié (Beaujolais) ou autre vin rouge du Mâconnais

Éplucher et émincer les oignons et les échalotes.

Faire chauffer l'huile d'olive dans une cocotte à feu moyen et y faire dorer les échalotes et les oignons émincés.

Pendant ce temps, rouler chaque escalope de poulet autour de 2 pruneaux et enrouler le tout dans 2 tranches de lard. Maintenir fermé avec des piques en bois.

Faire revenir les 8 roulades de poulet au lard dans la cocotte pour les faire dorer avant de poivrer généreusement. Saler légèrement (le lard est déjà salé).

Couvrir ensuite avec la bière rousse et laisser mijoter 20 min.

Ajouter alors les raisins de Corinthe et poursuivre la cuisson environ 25 min à feu doux.

Servir bien chaud ou réchauffer si le plat a été préparé la veille.

Verres de chocolat à la crème fouettée, p. 146

EN DESSERT

Gratin d'agrumes aux zestes confits, p. 136

Le conseil des Jules

- Vous pouvez servir avec une purée de pommes de terre maison ou, mieux encore, une purée moitié céleri, moitié pommes de terre. Pour gagner du temps, vous pouvez utiliser des tablettes de purée de céleri surgelées à mélanger avec les pommes de terre fraîches.

Poulet chasseur

Pour 8 personnes

- 8 cuisses de poulet ou 2 poulets coupés en quatre
- 2 kg de pommes de terre (roseval ou bintje)
- 500 g de champignons de Paris frais
- 4 branches de céleri
- 2 oignons
- 1/2 bouquet de persil plat
- 50 cl de vin blanc sec
- 40 cl de crème fraîche épaisse
- 200 g de beurre
- 40 cl de lait
- 2 cubes de bouillon de volaille
- 2 feuilles de laurier
- 2 cuil. à soupe d'huile d'olive
- Sel, poivre du moulin

Préparation : 30 min

Cuisson : 1 h

saint-véran (Bourgogne)

Laver et émincer les champignons et les branches de céleri.

Peler et hacher les oignons.

Faire fondre 1 cuil. à soupe d'huile d'olive et 25 g de beurre dans une cocotte. Y faire revenir les champignons 5 min à feu moyen, puis les retirer avec une écumoire.

Émietter les 2 cubes de bouillon de volaille dans 50 cl d'eau chaude.

Faire fondre 25 g de beurre et 1 cuil. à soupe d'huile d'olive dans la cocotte et y faire bien dorer les morceaux de poulet, puis les retirer.

Ajouter dans la cocotte les oignons hachés et le céleri émincé et les faire fondre à feu doux 8 à 10 min en remuant souvent.

Ajouter ensuite le vin blanc et le bouillon de volaille, les morceaux de poulet, les champignons, les feuilles de laurier et la crème fraîche. Saler et poivrer.

Porter à ébullition, puis réduire à feu doux en laissant frémir pendant 40 à 45 min à couvert.

Laver et ciseler le persil.

Éplucher les pommes de terre, les couper en quatre et les faire cuire 15 min dans une grande quantité d'eau, puis les égoutter.

Faire chauffer le lait.

Réduire les pommes de terre en purée en incorporant le lait chaud, les 150 g de beurre restant et les 3/4 du persil haché, saler et poivrer.

Servir le poulet bien chaud parsemé du reste du persil ciselé et accompagné de la purée.

Tarte meringuée aux groseilles, p. 143

EN DESSERT

Panacotta au coulis de pruneau, p. 137

Le conseil des jules

- Pour gagner du temps, vous pouvez utiliser des oignons surgelés.

Poulet et risotto au camembert

Préchauffer le four à 180 °C (th. 6).

Débarrasser 2 camemberts de leur croûte et les découper en petits morceaux. En farcir l'intérieur des poulets avec les feuilles d'estragon. Saler et poivrer.

Fermer les poulets avec de la ficelle et répartir sur la peau le beurre découpé en petits morceaux. Saupoudrer le tout de curry.

Verser 2 verres d'eau dans le fond d'un plat à rôtir, y déposer les 2 poulets et enfourner pour 45 min de cuisson.

Préparer le risotto : éplucher et émincer finement les oignons. Émietter les cubes de bouillon de volaille dans 2 litres d'eau bouillante.

Dans une poêle, faire revenir les oignons dans l'huile bien chaude jusqu'à ce qu'ils deviennent translucides.

Dans la même poêle, jeter le riz et bien remuer. Mouiller petit à petit avec le bouillon et laisser cuire en remuant souvent jusqu'à complète évaporation.

Retirer la croûte des 2 camemberts restants et les couper en morceaux. Les ajouter au risotto en fin de cuisson. Bien poivrer.

Vérifier la cuisson des poulets puis les découper en morceaux. Récupérer le jus resté dans le fond du plat et à l'intérieur des carcasses, ajouter la crème fleurette et mixer le tout au robot.

Remettre la sauce à chauffer tout doucement. Servir le poulet accompagné du risotto. Napper de sauce.

Pour 8 personnes

- *2 poulets fermiers*
- *500 g de riz arborio (riz rond)*
- *4 camemberts fermiers*
- *10 feuilles d'estragon*
- *2 oignons*
- *40 g de beurre*
- *20 cl de crème fleurette*
- *5 cubes de bouillon de volaille*
- *15 cl d'huile d'olive*
- *2 pincées de curry*
- *Sel, poivre du moulin*

Préparation : 30 min

Cuisson : 45 min

cidre brut
ou anjou-gamay
(vallée de la Loire)

Poires épicées pochées au pommeau, p. 140

EN DESSERT

Sorbet au cassis

Le conseil des Jules

- Veillez à ce que les camemberts soient bien faits à cœur, cette préparation demande de l'onctuosité.

Poulet à l'ail et au gingembre et son gâteau d'ail

Pour 8 personnes

- 2 poulets
- 4 têtes d'ail
- 25 g de beurre
- 80 cl de vin blanc sec
- 350 g de crème fraîche
- 2 citrons (jus)
- 15 feuilles de basilic
- 1 pain de mie
- 40 cl de lait
- 6 œufs
- 4 cm de racine de gingembre
- 1 pincée de noix muscade en poudre

• • •

Prendre la moitié des gousses de 1 tête d'ail et les peler. Peler le gingembre et le râper pour le réduire en purée.

Piler dans un mortier (ou un robot à faible vitesse) les gousses d'ail pelées avec la purée de gingembre, le gros sel et le poivre en grains de manière à obtenir une pâte.

Enduire les poulets de cette pâte, les recouvrir de film alimentaire et les laisser mariner au moins 12 h.

Préchauffer le four à 150 °C (th. 5).

Pendant ce temps, séparer les gousses de l'ail restant.

Disposer les poulets dans un grand plat allant au four et les entourer des gousses d'ail non épluchées. Parsemer de noisettes de beurre et verser le vin blanc dans le fond du plat.

Enfourner le plat et mettre à cuire 1 h à four moyen.

Vérifier en cours de cuisson et ajouter 1 ou 2 verres d'eau si le poulet se dessèche un peu.

Préparer le gâteau d'ail : préchauffer le four à 180 °C (th. 6).

Peler les gousses de 2 têtes d'ail et les mettre à cuire dans le lait pendant 30 min.

Égoutter les gousses d'ail qui doivent être bien cuites. Jeter le lait.

Battre les œufs en omelette.

Mixer les gousses d'ail cuites avec les œufs et la crème fraîche, saler, poivrer et ajouter la noix muscade.

• • •

- *1/2 cuil. à café de poivre en grains ou de poivre à steak concassé*
- *2 pincées de gros sel*
- *2 cuil. à soupe d'huile d'olive*
- *Sel, poivre du moulin*

Préparation : 35 min

Marinade : 12 h

Cuisson : 1 à 2 h

côtes-de-provence rosé

Mettre dans un moule à cake beurré et faire cuire au bain-marie dans le four pendant 30 min à 150 °C (th. 5).

Récupérer les gousses d'ail entourant le poulet, les débarrasser de leur peau par simple pression du doigt ou à l'aide d'un couteau. Elles doivent être dorées et confites.

Presser les citrons.

Préparer la crème d'ail : passer au mixeur les gousses d'ail avec les feuilles de basilic, ajouter le jus des citrons et l'huile d'olive.

Retirer les poulets du plat et verser 1 verre d'eau dans le fond, bien racler avec une fourchette pour récupérer les sucs et ajouter ce jus à la crème d'ail.

Couper le pain de mie en tranches, enlever la croûte, couper les tranches en triangles. Les faire dorer dans le four, sous le gril ou dans la poêle avec du beurre.

Découper les poulets, napper les morceaux de crème d'ail, entourer des toasts de pain de mie et accompagner le tout du gâteau d'ail. Servir aussitôt.

Verres de chocolat à la crème fouettée, p. 146

EN DESSERT

Sorbet à la poire

Le conseil des Jules

- Une écrasée de pommes de terre au céleri accompagne très bien ce plat si cela semble nécessaire mais ce n'est pas indispensable.
- Vous pouvez cuire le gâteau d'ail et le poulet dans le même four si vous avez un grand four.

Poulet aux langoustines

Pour 8 personnes

- 2 poulets fermiers
- 1,5 kg de langoustines bien fraîches
- 2 boîtes de 300 g de bisque de homard ou, mieux, de langoustine
- 1 grosse boîte de tomates pelées et concassées
- 10 cl de cognac ou d'armagnac
- 3 cuil. à soupe de cassonade
- 5 gousses d'ail
- 2 oignons
- 2 pincées de paprika fort
- 2 pincées de curcuma
- 2 pincées de piment d'Espelette
- 10 cuil. à soupe d'huile d'olive
- Sel fin

Préparation : 25 min

Cuisson : 45 min

sancerre blanc (vallée de la Loire)

Découper ou faire découper les poulets en morceaux.

Peler et émincer les oignons et les gousses d'ail.

Dans une grande cocotte, faire chauffer 4 cuil. à soupe d'huile d'olive.

Y faire revenir les morceaux de poulets sur toutes leurs faces et retirer de la cocotte.

Dans la même cocotte, faire revenir l'ail et les oignons émincés, la cassonade et la tomate concassée. Attendre que l'eau des tomates soit un peu évaporée et ajouter les morceaux de poulets. Saler.

Ajouter dans la cocotte le piment, le paprika et le curcuma, laisser mijoter à petit feu 20 min.

Dans une grande poêle ou dans un wok, faire chauffer 6 cuil. d'huile d'olive. Y jeter les langoustines entières et les faire sauter à feu vif jusqu'à ce qu'elles rougissent. Les flamber à l'armagnac ou au cognac.

Ajouter la bisque au poulet et laisser cuire à nouveau 15 min.

Goûter et rectifier l'assaisonnement.

5 min avant de servir, ajouter les langoustines dans la cocotte.

Servir avec un riz pilaf.

Poires épicées pochées au pommeau, p. 140

EN DESSERT

Gratin d'agrumes aux zestes confits, p. 136

Waterzoï de poulet

Mettre une moitié du bouquet garni dans chaque poulet.

Éplucher et laver tous les légumes. Émincer oignons, poireaux et ail. Tailler en julienne carottes, céleri et navets. Couper les pommes de terre en petits dés.

Mettre les poulets dans une grande marmite avec les cubes de bouillon émiettés. Ajouter 4 litres d'eau, saler, poivrer et faire bouillir le tout pendant 20 min.

Ajouter tous les légumes et remettre à cuire 30 min.

Ciseler le persil ou le cerfeuil.

Égoutter les poulets et découper la chair en fine julienne.

Dans un faitout, faire fondre le beurre et faire un roux avec la farine, mouiller avec tout le bouillon de cuisson du poulet, jusqu'à consistance d'une sauce assez liquide.

Presser les citrons et mélanger le jus avec la crème fraîche et les jaunes d'œufs.

Hors du feu, ajouter ce mélange au roux qui doit être un peu liquide.

Répartir dans les assiettes creuses la julienne de poulet et les légumes et napper abondamment de bouillon. Parsemer de persil ou de cerfeuil ciselé

Vacherin miracle, p. 145

EN DESSERT

Crumble express de figues fraîches, p. 128

Pour 8 personnes

- 2 poulets
- 8 pommes de terre
- 4 carottes
- 2 branches de céleri
- 4 navets
- 5 blancs de poireaux
- 2 oignons
- 3 gousses d'ail
- 1 bouquet garni
- 4 jaunes d'œufs
- 200 g de crème fraîche épaisse
- 60 g de farine
- 80 g de beurre
- 2 citrons (jus)
- 2 cubes de bouillon de volaille
- 1/2 bouquet de persil plat ou de cerfeuil
- Sel, poivre du moulin

Préparation : 30 min

Cuisson : 50 min

côtes-de-nuits (Bourgogne)

Le conseil des Jules

- Pour en faire un plat vraiment unique dans tous les sens du terme, vous pouvez ajouter des tronçons de lotte et des moules que vous faites pocher dans le bouillon. Si vous êtes vraiment en fonds, des queues de langoustes sont aussi du plus bel effet !

Pintade au cidre flambée au calvados

Pour 8 personnes

- 2 pintades de taille moyenne
- 500 g de champignons de Paris
- 2 kg de pommes golden
- 2 litres de cidre brut
- 4 gros oignons
- 250 g de lardons
- 20 cl de calvados
- 400 g de crème fraîche
- 30 g de cerneaux de noix concassés
- 20 cl de jus d'orange

•••

Préchauffer le four à 180 °C (th. 6).

Peler et émincer les oignons.

Faire fondre 30 g de beurre demi-sel et l'huile d'arachide dans une cocotte.

Y faire revenir les oignons jusqu'à ce qu'ils prennent une couleur dorée.

Ajouter les pintades entières et les faire dorer sur toutes les faces. Ajouter les lardons et les saisir pendant 2 min.

Ajouter la moitié du calvados sur feu vif et faire flamber le tout. Ajouter le cidre de façon à recouvrir les volailles.

Saler, poivrer et couvrir avant d'enfourner pour environ 1 h de cuisson.

Pendant la cuisson, éplucher les pommes et les couper en quartiers. Laver rapidement les champignons, enlever le bout terreux et les couper en quatre.

À la fin de la cuisson, retirer les volailles de la cocotte et faire réduire la sauce de moitié pendant 15 min sur feu vif.

Ajouter les champignons, la crème fraîche, le jus d'orange, les raisins secs et réduire le feu au maximum.

Faire épaissir la sauce en liant à la Sauceline.

• • •

- *1 poignée de raisins secs*
- *2 cuil. à soupe de Sauceline (Maïzena)*
- *120 g de beurre demi-sel*
- *2 cuil. à soupe d'huile d'arachide*
- *Sel, poivre du moulin*

Préparation : 30 min

Cuisson : 1 h 30

cidre brut ou chenas (Beaujolais)

Dans une grande poêle antiadhésive, faire fondre la moitié du beurre restant sur feu vif, y faire revenir les quartiers de pommes en agitant la poêle régulièrement plutôt que de les retourner à la cuillère. Ajouter le reste du beurre petit à petit. Lorsque les pommes sont bien dorées et confites, les flamber avec le reste du calvados, réduire le feu et les maintenir à feu tout doux en surveillant qu'elles ne brûlent pas.

Découper les pintades en morceaux et les mettre dans la cocotte. Réchauffer le tout. Servir dans un grand plat creux les morceaux de pintade nappés de sauce. Parsemer le plat de cerneaux de noix concassés.

Accompagner ce plat d'un riz basmati moulé en couronne autour de la sauce de pintade et entouré des pommes confites.

Crumble express de figues fraîches, p. 128

EN DESSERT

Pêches rôties et glace caramel au beurre salé, p. 138

(Le conseil des Jules)

- Pour simplifier, vous pouvez utiliser des oignons surgelés.
- Vous pouvez tout préparer la veille et ne réchauffer l'ensemble qu'au moment du dîner. Dans ce cas, gardez les pintades entières dans du papier aluminium et découpez-les juste avant de réchauffer le tout. Vous pouvez très bien congeler les restes.

Paupiettes de dinde au cantal

Pour 8 personnes

- 6 belles escalopes de dinde
- 6 fines tranches de jambon cru
- 150 g de cantal râpé
- 120 g de farine
- 3 œufs
- 120 g de chapelure
- 70 g de beurre
- 5 cl de cognac
- 10 cl de porto
- 200 g de crème fraîche
- Sel, poivre du moulin

Préparation : 20 min

Cuisson : 25 min

saint-pourçain (Centre) ou saint-joseph (vallée du Rhône)

Aplatir avec un rouleau à pâtisserie les escalopes de dinde pour obtenir de grandes tranches, si possible rectangulaires.

Poser les escalopes à plat et les recouvrir d'une tranche de jambon cru et de cantal râpé (en garder pour la fin). Les rouler en paupiettes et ficeler pour maintenir le tout.

Mettre la farine dans une assiette creuse et la chapelure dans une autre.

Battre les œufs en omelette et les mettre dans une troisième assiette.

Passer les paupiettes dans la farine, dans les œufs puis dans la chapelure.

Mettre à chauffer le beurre dans une sauteuse. Quand il est bien chaud, y faire dorer les paupiettes. Flamber avec le cognac.

Ajouter le porto, saler, poivrer, puis couvrir et laisser cuire 20 min à feu doux.

Ajouter la crème fraîche et faire chauffer à nouveau le tout 1 min.

Dresser les paupiettes dans un plat allant au four, napper de sauce, saupoudrer de cantal râpé et faire gratiner sous le gril du four.

Servir les paupiettes bien dorées.

Fraises au chinon, p. 134

EN DESSERT

Croustillants aux marshmallows, p. 127

Le conseil des Jules

- Vous pouvez servir avec une poêlée de champignons et des épinards en branches revenus avec des lardons.

Brandade de *morue* à la provençale

LA VEILLE

Faire dessaler la morue pendant 24 h dans une grande casserole d'eau froide en changeant l'eau au moins 4 fois.

LE JOUR MÊME

Faire un court-bouillon en suivant les instructions du sachet. Y faire pocher les filets de morue pendant 10 min, retirer, égoutter et émietter la morue en veillant à bien retirer les arêtes.

Peler et émincer finement l'ail.

Faire cuire les pommes de terre dans une grande casserole d'eau salée. Lorsqu'elles sont cuites, les peler et les écraser à la fourchette en incorporant petit à petit les miettes de morue.

Ajouter le lait, 4 cuil. à soupe d'huile d'olive, le jus de 1 citron, la noix muscade et l'ail émincé, bien mélanger le tout et assaisonner.

Beurrer un plat à gratin et y verser la brandade. Parsemer de chapelure, arroser du reste d'huile d'olive et faire gratiner sous le gril pendant 15 min.

Pendant ce temps, faire durcir les œufs. Lorsqu'ils sont cuits, les passer sous l'eau froide, les écaler et les couper en lamelles. Couper le citron en tranches fines.

Au moment de servir, décorer la brandade en intercalant des lamelles d'œufs durs et des tranches de citron. Répartir les olives noires sur le dessus.

Gaspacho de fruits rouges au pain d'épices, p. 135

EN DESSERT

Fraises à la menthe et au sirop de poivre, p. 133

Pour 8 personnes

- *3 petits filets de morue séchée*
- *6 pommes de terre*
- *2 gousses d'ail*
- *1 sachet de court-bouillon*
- *20 cl de lait*
- *4 œufs*
- *20 g de beurre*
- *1 poignée d'olives noires*
- *1 poignée de chapelure*
- *2 citrons*
- *1 pincée de noix muscade*
- *6 cuil. à soupe d'huile d'olive*
- *Sel, poivre du moulin*

Préparation : 30 min

Dessalage : 24 h

Cuisson : 25 min

vin de pays des Cévennes blanc ou savennières blanc (vallée de la Loire)

Le conseil des Jules

- Rien ne vaut une bonne salade parfumée à l'ail pour accompagner ce plat typiquement provençal.

Cabillaud aux châtaignes et pois gourmands

Pour 8 personnes

- 8 pavés de cabillaud de 160 g chacun avec la peau
- 200 g de lardons fumés
- 1,5 kg de pois gourmands surgelés
- 500 g de châtaignes surgelées
- 2 brindilles de thym
- 1 feuille de laurier
- 2 cuil. à soupe de fond de veau
- 3 cuil. à soupe d'huile d'olive
- 30 g de beurre
- Sel, poivre du moulin

Préparation : 20 min

Cuisson : 30 min

rosé de Savoie ou pinot noir d'Alsace

Faire dissoudre le fond de veau dans 20 cl d'eau bouillante.

Faire colorer à sec dans une grande poêle les châtaignes avec les lardons, le thym et le laurier.

Ajouter ensuite le fond de veau et poursuivre la cuisson jusqu'à absorption de la moitié du liquide.

Verser cette préparation dans le fond d'un grand plat allant au four.

Faire ensuite fondre le beurre dans la poêle et y faire cuire à feu doux 10 à 12 min les pois gourmands. Saler et poivrer légèrement, puis les disposer dans le grand plat sur le mélange châtaignes et lardons.

Toujours dans la grande poêle, verser l'huile d'olive et y faire colorer les pavés de cabillaud 4 min côté peau, saler et poivrer puis disposer les pavés sur les pois gourmands dans le plat.

20 min avant de passer à table, préchauffer le four à 180 °C (th. 6).

Enfourner le plat et laisser cuire 8 min.

Servir bien chaud, directement dans le plat.

EN DESSERT

Double macaron à la mousse au chocolat, p. 130

Glace rhum-raisins

Le conseil des Jules

- Vous pouvez utiliser aussi des châtaignes en bocal.

Gâteau de crêpes printanier

Faire cuire la macédoine dans une casserole d'eau bouillante salée, égoutter et laisser refroidir.

Laver et essorer la salade et la ciseler en lanières fines et étroites.

Couper les tomates et 1 concombre en petits dés, sans les peler.

Égoutter le thon et l'émietter.

Dans un grand saladier, mélanger la macédoine refroidie, les tomates et le concombre, la mayonnaise et le thon. Ajouter la salade à la fin. Saler, poivrer et mélanger le tout délicatement.

Sur un plat à tarte, poser une première crêpe et couvrir d'une couche du mélange légumes et thon, recouvrir d'une autre crêpe et procéder ainsi de suite jusqu'à la fin. Terminer par une crêpe qui couvrira l'ensemble.

Décorer le gâteau de crêpes avec des lamelles de citron, le concombre restant émincé et des œufs de lumps noirs et rouges.

Garder au frais pendant 1 h au moins.

Servir et découper comme un gâteau.

Petites coupes au chocolat et à l'amande, p. 139

EN DESSERT

Poires épicées pochées au pommeau, p. 140

Pour 8 personnes

- *10 grandes crêpes de froment non sucrées*
- *1 batavia*
- *2 boîtes de thon au naturel*
- *4 tomates*
- *500 g de très bonne macédoine surgelée*
- *2 concombres (1 pour la présentation)*
- *1 citron*
- *1 petit pot d'œufs de lump noirs*
- *1 petit pot d'œufs de lump rouges*
- *350 g de mayonnaise*
- *Sel, poivre du moulin*

Préparation : 30 min

Cuisson : 10 min

Repos au frais : 1 h

bordeaux clairet (Bordelais)

Le conseil des Jules

- Idéal pour un déjeuner d'été ou un pique-nique.

Lotte verte à l'aïoli

Pour 8 personnes

- 1,6 kg de lotte
- 600 g d'épinards en branches surgelés
- 6 blancs de poireaux
- 500 g de vert de blettes
- 750 g de tagliatelles
- 1 laitue
- 4 gros oignons
- 1 poignée d'oseille
- 2 bouquets de ciboulette
- 4 gousses d'ail
- 2 branches de céleri
- 1 branche de thym
- 2 feuilles de laurier
- 1 bouquet de basilic
- 4 cuil. à soupe d'huile d'olive
- Sel, poivre du moulin

• • •

Peler et découper la lotte en gros morceaux, saler, poivrer et garder au frais.

Peler et émincer les oignons. Décongeler les épinards au micro-ondes.

Peler les gousses d'ail.

Laver et couper les blettes grossièrement. Laver la laitue et l'oseille, les essorer et les couper en lanières. Laver et ciseler la ciboulette.

Laver les poireaux et les branches de céleri, les couper en morceaux.

Dans un grand faitout, faire revenir les oignons dans 4 cuil. à soupe d'huile d'olive. Attendre qu'ils blondissent et ajouter les épinards, les blettes, l'oseille, la laitue, la ciboulette, les poireaux et le céleri. Saler, poivrer, ajouter les gousses d'ail épluchées, le thym et le laurier. Couvrir et laisser cuire tout doucement pendant 45 min. Tourner régulièrement, la verdure doit réduire complètement.

Préparer l'aïoli : peler et émincer les gousses d'ail. Dans un petit saladier, délayer le jaune d'œuf avec la moutarde, ajouter petit à petit, en battant sans cesse, l'huile d'olive jusqu'à la consistance d'une mayonnaise. Ajouter l'ail, saler et poivrer.

Fraises à la menthe et au sirop de poivre, p. 133

EN DESSERT

Panacotta au coulis de pruneau, p. 137

15 min avant de passer à table, poser les morceaux de lotte sur les légumes dans le faitout, refermer le couvercle et faire cuire 15 min.

Pendant ce temps, faire cuire les tagliatelles dans une grande casserole d'eau bouillante salée suivant les indications du paquet. Les égoutter quand elles sont *al dente*.

Au moment de servir, mettre la lotte sur le plat de service, mélanger l'aïoli avec les légumes dans la cocotte et verser le tout sur la lotte. Entourer des tagliatelles. Parsemer de basilic ciselé.

• • •

Pour l'aïoli :

- *4 gousses d'ail*
- *1 jaune d'œuf*
- *1 cuil. à soupe de moutarde de Dijon*
- *20 cl 'huile d'olive*
- *Sel, poivre du moulin*

Préparation : 35 min

Cuisson : 1 h

Décongélation : 5 min

patrimonio blanc (Corse) ou tavel rosé (vallée du Rhône)

Le conseil des Jules

- Vous pouvez prendre le temps de décorer l'ensemble d'une poêlée de tomates cerises caramélisées dans de l'ail, de l'huile d'olive et du miel.
- Vous pouvez accompagner ce plat de pommes de terre vapeur arrosées d'un beurre bien persillé.

Lotte à la compotée de *fenouil flambée* au pastis

Pour 8 personnes

- *1,6 kg de lotte*
- *2 kg de fenouil*
- *300 g de langoustines*
- *1 boîte de tomates concassées (800 g)*
- *20 cl de pastis*
- *1 citron (jus)*
- *3 gros oignons*
- *4 gousses d'ail*
- *10 cl de vin blanc*
- *1 pincée de piment d'Espelette*

• • •

Lever (ou faire lever par le poissonnier) les filets de lotte.

Couper les filets en gros morceaux.

Préparer une marinade avec 10 cl d'huile d'olive, 5 cl de pastis, le jus du citron, la pincée de piment, du sel et du poivre. Mettre les morceaux de lotte à mariner pendant au moins 1 h en remuant de temps en temps de manière à ce que le poisson soit bien imprégné.

Laver et émincer le fenouil, garder la partie verte pour la présentation et jeter les tiges dures.

Peler et émincer les oignons et 3 gousses d'ail, les faire revenir dans une grande poêle antiadhésive avec 10 cl d'huile d'olive.

Ajouter le fenouil et le vin blanc. Couvrir à moitié et laisser compoter pendant 20 min à feu moyen en remuant de temps en temps.

Lorsque le fenouil est confit, ajouter la cassonade et la moitié du liquide de la marinade. Remettre sur le feu à découvert pour que le liquide s'évapore. Ajouter les tomates concassées. Continuer la cuisson pendant 10 min.

Pendant ce temps, faire chauffer l'autre moitié de la marinade dans une poêle antiadhésive et y faire revenir rapidement les morceaux de lotte sans trop les remuer. Lorsque le poisson est cuit, ce qui est assez rapide, environ 5 min, le faire flamber avec 7,5 cl environ de pastis. Éventuellement, diviser l'opération en plusieurs fois si la poêle n'est pas assez grande.

• • •

- 1 cuil. à soupe de cassonade
- 25 cl d'huile d'olive
- Sel, poivre du moulin

Préparation : 20 min

Marinade : 1 h

Cuisson : 40 min

gewurztraminer (blanc d'Alsace)

Dans une autre poêle ou dans un wok, mettre le reste d'huile d'olive et la dernière gousse d'ail émincée. Y faire revenir les langoustines non épluchées pendant 3 min jusqu'à ce qu'elles rougissent, puis les flamber avec le reste de pastis.

Dresser le plat en mettant d'abord la compote de fenouils, les morceaux de lotte et ensuite les langoustines. Décorer avec les sommités de fenouil émincées.

Servir avec un riz basmati ou avec des tomates à la provençale.

Vacherin miracle, p. 145

EN DESSERT

Far breton, p. 132

Le conseil des Jules

- Pour simplifier, vous pouvez utiliser de l'ail en poudre et des oignons surgelés.
- Pour flamber au pastis, inutile de prendre un pastis très cher. Le mieux est de verser le pastis dans une louche, le chauffer sur la flamme et le verser bouillant dans la poêle.

Grand aïoli aux légumes d'hiver

Pour 8 personnes

- 1,6 kg de filets de morue séchée
- 500 g de chou-fleur
- 500 g de brocolis
- 4 bulbes de fenouil
- 500 g de pommes de terre (charlotte)
- 300 g de haricots cocos d'Espagne
- 3 carottes
- 4 gousses d'ail
- 8 œufs
- 2 jaunes d'œufs
- 1 cuil. à soupe rase de moutarde forte
- 2 cubes pour court-bouillon
- 20 cl d'huile d'olive
- 20 cl d'huile neutre
- Sel, poivre du moulin

Préparation : 35 min

Dessalage : 48 h

Cuisson : 30 min

Repos : 30 min

tavel rosé (vallée du Rhône)

L'avant-veille

Mettre les filets de morue à dessaler dans de l'eau froide pendant 48 h en veillant à changer l'eau souvent (au moins 4 ou 5 fois).

Le jour même

Faire durcir les 8 œufs durant 10 min dans de l'eau bouillante, puis les écaler et les couper en deux.

Peler les gousses d'ail, les couper en deux et les dégermer. Les blanchir 2 min dans de l'eau bouillante.

Dans un bol, déposer la moutarde, les 2 jaunes d'œufs crus puis ajouter les 2 huiles et laisser reposer à température ambiante au moins 30 min pour que les ingrédients soient à la même température.

Monter en mayonnaise à l'aide du mixeur, saler, poivrer puis ajouter les gousses d'ail réduites en purée au presse-ail pour réaliser l'aïoli.

Éplucher et laver tous les légumes. Couper les bulbes de fenouil et les pommes de terre en quatre, les carottes en rondelles épaisses, le chou-fleur et le brocolis en petits bouquets et les faire cuire séparément à la vapeur.

Tailler en 8 pavés la morue dessalée et soigneusement rincée.

Préparer un court-bouillon avec 2 litres d'eau et les 2 cubes.

Faire cuire les pavés 6 à 10 min au court-bouillon selon leur épaisseur.

Servir le poisson chaud entouré des légumes et des œufs durs coupés en deux, l'aïoli à part dans une saucière.

Gratin d'agrumes aux zestes confits, p. 136

EN DESSERT

Crumble express de figues fraîches, p. 128

(Le conseil des Jules)

- Vous pouvez ajouter autour du plat une vingtaine de bulots cuits. Vous pouvez aussi, en fonction de la saison, remplacer un légume par un autre : haricots verts, pois gourmands, par exemple.

Dos de saumon sur lit de poireaux

Pour 8 personnes

- 8 pavés de saumon sans la peau
- 12 poireaux
- 12 tranches très fines de lard
- 20 cl de crème fraîche liquide
- 1/2 bouquet de ciboulette
- Poivre du moulin

Préparation : 15 min

Cuisson : 20 à 25 min

pacherenc-du-vic-bilh (blanc du Sud-Ouest)

Laver les poireaux et les couper en tronçons de 6 cm environ.

Faire bouillir une grande quantité d'eau salée et y faire cuire les poireaux 10 à 15 min.

Bien égoutter les poireaux, puis les disposer dans le fond d'un plat à gratin.

Préchauffer le four à 180 °C (th. 6).

Laver et ciseler la ciboulette.

Disposer les pavés de saumon sur les tronçons de poireaux puis couvrir chaque pavé avec 1 tranche 1/2 de lard.

Poivrer légèrement puis verser uniformément la crème liquide.

Parsemer de ciboulette ciselée et enfourner pour 10 min de cuisson.

Servir très chaud.

Double macaron à la mousse au chocolat, p. 130

EN DESSERT

Brioche perdue aux poires et à la confiture de lait, p. 126

Le conseil des Jules

- Vous pouvez aussi préparer ce plat la veille. Dans ce cas, versez la crème fraîche à la dernière minute, juste avant d'enfourner.

Saumon à la menthe

Pour 8 personnes

- *1,6 kg de filet de saumon*
- *4 concombres*
- *3 gros bouquets de menthe fraîche*
- *3 barquettes de tomates cerises (soit environ 750 g)*
- *40 cl de crème fraîche liquide*
- *3 cl d'alcool de menthe*
- *2 cuil. à soupe de miel*

• • •

Mettre à bouillir une grande casserole d'eau salée avec 1/2 bouquet de menthe dont on réservera quelques feuilles.

Éplucher les concombres, les couper en quatre dans le sens de la longueur puis en gros tronçons. Les jeter dans la casserole d'eau bouillante et laisser cuire 8 min à gros bouillons.

Égoutter les concombres dans une passoire. Retirer la menthe.

Émincer finement 1 bouquet de menthe. Faire fondre 40 g de beurre dans une casserole, y ajouter 1 cuil. à soupe de miel. Laisser chauffer jusqu'à ce que le mélange bouillonne. Ajouter alors la menthe émincée et l'alcool de menthe. Doser l'alcool selon les goûts : il en faut très peu. Laisser mijoter 2 min en tournant sans arrêt. Ajouter alors la crème liquide, saler, poivrer et arrêtez le feu.

Dans une poissonnière, faire chauffer une grande quantité d'eau salée avec l'autre moitié du bouquet de menthe. Lorsque l'eau bout, y faire pocher les filets de saumon rapidement (en général 4 min suffisent), un peu plus si les filets sont très épais.

Ciseler le dernier bouquet de menthe.

Faire fondre le reste de beurre dans une poêle antiadhésive. Lorsque le beurre frémit, y faire revenir les concombres avec quelques feuilles de menthe émincées. Saler et poivrer abondamment.

…

- *10 g de graines de sésame*
- *80 g de beurre*
- *3 cuil. à soupe d'huile d'olive*
- *Sel, poivre du moulin*

Préparation : 20 min

Cuisson : 30 min

condrieu blanc (vallée du Rhône) ou champagne demi-sec

Far breton, p. 132

EN DESSERT

Glace au caramel

Dans une autre poêle, faire chauffer l'huile d'olive à feu vif et le reste du miel. Ajouter le reste de menthe ciselée et les tomates cerises. Laisser cuire le temps de confire les tomates dans leur jus, mais bien surveiller et remuer la poêle régulièrement.

Disposer les filets de saumon dans un plat, les napper de sauce à la menthe et les entourer des concombres revenus et des tomates cerises confites. Décorer avec des feuilles de menthe que vous avez gardées au début et parsemer les concombres de graines de sésame grillées à sec.

Servir avec du riz et le reste de sauce en saucière.

Le conseil des Jules

- Vous pouvez préparer le plat à l'avance, le couvrir de film alimentaire et le réchauffer à la dernière minute au micro-ondes.
- La sauce, ajoutée à la dernière minute, doit être réchauffée dans une casserole.
- Si vous n'avez pas d'alcool de menthe, du sirop de menthe fait très bien l'affaire, réduire alors la quantité de miel.

Gratin de thon frais au comté

Pour 8 personnes

- 1,4 kg de darnes de thon frais
- 1,5 kg de courge
- 2 belles carottes
- 2 oignons
- 1 bouquet garni
- 50 cl de vin blanc sec
- Gros sel

Pour la purée :

- 800 g de pommes de terre
- 75 cl de lait
- 10 cl de crème fraîche

• • •

Éplucher les carottes et les oignons, puis les couper en quatre.

Faire un court-bouillon avec 2 litres d'eau, le vin blanc, le bouquet garni, les morceaux de carottes et d'oignons, 1 grosse cuil. à soupe de gros sel et du poivre.

Laisser frémir le court-bouillon 15 min à couvert, puis y plonger le thon 2 min. Retirer du feu et le laisser refroidir dedans durant 30 min.

Retirer le thon, enlever la peau et l'arête centrale et le détailler en morceaux.

Pendant ce temps, préparer la purée de légumes : laver, éplucher et épépiner la courge et couper les légumes en morceaux. Les faire cuire 20 min dans de l'eau bouillante salée puis les égoutter. Les écraser ensuite au presse-purée en ajoutant progressivement la crème fraîche et le lait chaud. Saler et poivrer légèrement.

Préchauffer le four à 210 °C (th. 7).

• • •

Pour la béchamel :
- *400 g de comté fruité*
- *100 g de beurre*
- *80 g de farine*
- *25 cl de lait*
- *4 jaunes d'œufs*
- *1 cuil. à café de noix muscade en poudre*
- *Sel, poivre du moulin*

Préparation : 30 min

Cuisson : 50 min

vin jaune du Jura

Fraises à la menthe et sirop de poivre, p. 133

EN DESSERT

Délices de melon aux trois fruits, p. 129

Préparer la béchamel : râper le comté. Faire fondre dans une casserole 80 g de beurre et ajouter hors du feu la farine. Mélanger énergiquement, puis ajouter le lait par toutes petites quantités. Remettre sur feu moyen 8 à 10 min en remuant régulièrement. Hors du feu, ajouter les jaunes d'œufs battus un à un, mélanger très énergiquement, puis 300 g de comté râpé et la noix de muscade. La béchamel devient ainsi une sauce Mornay.

Mélanger les morceaux de thon, la purée de légumes et la sauce Mornay.

Beurrer largement un grand plat à gratin, puis y verser la préparation.

Saupoudrer avec les 100 g de comté restants et enfourner jusqu'à ce que le fromage soit gratiné.

Servir bien chaud.

Le conseil des Jules

- Pour accompagner, prévoyez une salade frisée avec des pignons grillés à sec.

Salade de raie au vinaigre de framboise

Pour 8 personnes

- 1,4 kg d'aileron de raie
- 3 tomates
- 8 gros champignons de Paris
- 4 tranches de pain complet
- 1 grosse salade frisée (ou 2 petites)
- 2 citrons (jus)
- 15 cl de vinaigre de framboise
- 2 brindilles de thym
- 1/2 bouquet de ciboulette
- 6 cuil. à soupe d'huile d'olive
- Sel, poivre du moulin

Préparation : 25 min

Cuisson : 5 à 7 min

cassis blanc (Provence) ou tavel rosé (vallée du Rhône)

Laver les ailerons de raie à l'eau claire.

Faire bouillir une grande quantité d'eau légèrement salée dans une cocotte, ajouter le vinaigre de framboise et le thym et y faire cuire les ailerons de raie 5 à 7 min selon leur épaisseur.

Bien égoutter la raie, et la détailler en filaments.

Laver et hacher la ciboulette. Laver et émincer les champignons et les arroser avec le jus d'1/2 citron.

Préparer la salade.

Plonger les tomates 20 s dans de l'eau bouillante. Les peler et les détailler en petits cubes.

Couper les tranches de pains en petits croûtons de 1 à 2 cm de côté.

Verser 2 cuil. à soupe d'huile d'olive dans une poêle et y faire dorer les croûtons.

Préparer un assaisonnement avec l'huile d'olive restante, le jus des citrons restants et un peu de sel et de poivre.

Dresser la salade dans un grand saladier. Ajouter les lamelles de champignons, les cubes de tomates, les filaments de raie puis les croûtons.

Verser l'assaisonnement et la ciboulette hachée. Mélanger et servir très frais.

Gaspacho de fruits rouges au pain d'épices, p. 135

EN DESSERT

Tarte meringuée aux groseilles, p. 143

Le conseil des Jules

- Vous pouvez ajouter des lamelles de fonds d'artichauts à cette salade complète très agréable quand il fait chaud.

desserts

Brioche perdue aux poires et à la confiture de lait

Pour 8 personnes

- 8 tranches de bonne brioche au beurre, rassie
- 4 poires
- 5 œufs
- 35 cl de lait
- 20 cl de cidre doux
- 1 gousse de vanille
- 150 g de sucre en poudre
- 100 g de beurre demi-sel

Pour la confiture de lait :

- 1,5 litre de lait entier, cru de préférence
- 500 g de sucre en poudre

Préparation : 20 min

Cuisson : 30 min

muscat de Rivesaltes

Commencer par préparer la confiture de lait : porter le lait à ébullition, ajouter le sucre. Laisser mijoter à feu doux jusqu'à ce que le volume ait réduit de moitié. Verser dans un pot de confiture et conserver au frais.

Préparer la brioche : faire bouillir le lait avec le cidre, le sucre, la gousse de vanille fendue et grattée, puis laisser refroidir.

Peler et épépiner les poires, les couper en lamelles.

Faire fondre 50 g de beurre dans une grande poêle. Y faire revenir les poires pendant 8 min en agitant la poêle.

Battre les œufs en omelette et les mélanger au lait parfumé.

Tremper les tranches de brioche rapidement, sur les deux faces, dans le lait, sans les ramollir.

Faire fondre 50 g de beurre dans une poêle anti-adhésive.

Saupoudrer de sucre les tranches de brioche afin qu'elles caramélisent et les faire dorer dans le beurre fondu côté sucre.

Procéder de la même façon pour l'autre face.

Dresser sur un plat les poires disposées en rosace sur la brioche et servir la confiture de lait à part.

(Le conseil des Jules)

- La confiture de lait se conserve longtemps et vous pouvez l'aromatiser à volonté (café, vanille, noisette, calvados, etc.).

Croustillants aux *marshmallows*

Pour 8 personnes

- **1 paquet 1/2 de marshmallows**
- **3/4 d'une boîte de Rice Krispies**
- **155 g de beurre**

Préparation : 5 min

Cuisson : 2 min

monbazillac (Sud-Ouest)

Dans une casserole, faire fondre 135 g de beurre à feu doux et y ajouter les marshmallows en remuant sans cesse jusqu'à ce que le mélange soit bien homogène. Éteindre le feu sans attendre.

Ajouter les Rice Krispies en mélangeant sans cesse.

Beurrer une plaque antiadhésive et étendre uniformément la préparation. Éventuellement vous aider de vos doigts en les mouillant. Bien aplatir le tout et mettre au frais.

Couper en carrés avec une molette à pizza ou un couteau fin et servir avec une très bonne glace à la vanille.

Le conseil des Jules

- Il faut impérativement choisir des Rice Krispies non chocolatés.

Crumble express de figues fraîches

Pour 8 personnes

- 16 figues fraîches
- 200 g de confiture de framboises
- 1 paquet de bons sablés bretons au beurre

Préparation : 10 min

Cuisson : 5 min

muscat de Rivesaltes

Préchauffer le four en position gril.

Laver soigneusement les figues, les sécher et les couper en deux sans les éplucher.

Disposer les demi-figues dans un plat à gratin côté bombé dessous.

Verser 1 cuil. à café de confiture de framboises sur chacune des demi-figues.

Dans un grand saladier, réduire les sablés en miettes assez fines.

Verser les miettes de sablés sur les figues.

Enfourner 5 min sous le gril en installant la grille assez haut dans le four.

Servir tiède.

Le conseil des Jules

- Si vous n'avez pas de confiture de framboises, vous pouvez utiliser toute autre bonne confiture de fruits rouges : myrtilles ou cassis et accompagnez le crumble de sorbet à la framboise ou de glace à la vanille.

Délices de *melon* *aux* trois fruits

Pour 8 personnes

- *4 petits melons bien mûrs*
- *6 pêches jaunes*
- *400 g de fraises*
- *200 g de sucre en poudre (blanc ou de canne)*
- *4 citrons (jus)*
- *8 feuilles de menthe*
- *10 cl de kirsch ou de liqueur de framboise*

Préparation : 15 min

Repos au frais : 2 h

muscat beaumes-de-venise ou hermitage blanc (vallée du Rhône)

Presser les citrons et mettre le jus dans un grand saladier.

Couper les melons en deux et retirer les graines.

Évider les melons en faisant des petites billes à l'aide d'une cuillère parisienne. Réserver les écorces.

Peler les pêches et les détailler en petits cubes.

Rincer les fraises, les équeuter et les couper en deux.

Mélanger tous les fruits dans le saladier avec le sucre et le kirsch (ou la liqueur de framboise).

Garnir chaque demi-melon de ce mélange de fruits et décorer avec 1 feuille de menthe.

Mettre au réfrigérateur 2 h avant de servir.

Le conseil des Jules

- Si vous n'aimez pas les desserts alcoolisés, vous pouvez remplacer le kirsch par un sirop préparé avec 10 cl d'eau, 2 cuil. à soupe de miel et 1 gousse de vanille.

Double *macaron* à la mousse au *chocolat*

Pour 8 personnes

- *6 blancs d'œufs*
- *400 g de sucre glace*
- *400 g de poudre d'amande*
- *1 pincée de sel*

Pour la mousse au chocolat :

- *3 œufs entiers*
- *150 g de chocolat noir amer*
- *50 g de beurre*
- *1 pincée de sel*

• • •

Préchauffer le four à 165 °C (th. 5-6).

Verser les 6 blancs d'œufs dans une grande jatte avec la pincée de sel et les monter en neige ferme.

Incorporer ensuite délicatement le sucre glace et battre à nouveau.

Incorporer enfin, toujours délicatement, la poudre d'amande à la préparation.

Découper une feuille de papier sulfurisé et la placer sur la plaque du four.

Partager la préparation pour macaron en deux et en verser la moitié sur le papier sulfurisé. Avec l'aide d'une spatule, former un disque de 25 cm de diamètre, puis enfourner pour 20 min de cuisson.

Laisser refroidir 15 min avant de démouler le premier disque sur le plat de service.

Pendant ce temps, préparer la mousse au chocolat : séparer les blancs des jaunes.

Verser les blancs dans une grande jatte avec la pincée de sel et les monter en neige ferme.

Casser le chocolat dans une petite casserole, ajouter 2 cuil. à soupe d'eau et le beurre et faire fondre à feu doux.

Incorporer alors délicatement au chocolat les blancs montés en neige pour former une mousse. L'étaler entièrement avec la spatule sur le premier disque.

•••

Pour le glaçage au chocolat :
- *150 g de chocolat noir amer*
- *50 g de beurre*

Préparation : 30 min

Cuisson : 40 min

Repos au frais : 6 h

banyuls (Roussillon)

Découper une deuxième feuille de papier sulfurisé et la placer sur la plaque du four.

Verser la deuxième moitié de la préparation pour macaron sur le papier sulfurisé et, avec l'aide d'une spatule, former un disque de 25 cm de diamètre, puis enfourner pour 20 min de cuisson.

Laisser refroidir 15 min avant de démouler le deuxième disque sur le plat de service au-dessus de la couche de mousse au chocolat.

Casser les 150 g de chocolat restants dans une petite casserole, ajouter 2 cuil. à soupe d'eau et les 50 g de beurre restants et faire fondre à feu doux.

Napper le gâteau avec le glaçage au chocolat, toujours avec l'aide de la spatule. Entreposer une nuit (ou 6 h minimum) au réfrigérateur.

Servir frais.

(Le conseil des Jules)

- Pour gagner du temps, vous pouvez supprimer l'étape mousse au chocolat et faire fondre les 300 g de chocolat avec les 100 g de beurre et en étaler une couche entre les deux disques de macaron et une couche en glaçage au-dessus comme dans la première version.

Far breton

Pour 8 personnes

- 250 g de pruneaux
- 200 g de farine
- 150 g de sucre
- 75 cl de lait
- 4 œufs entiers
- 1 cuil. à café d'armagnac, de rhum ou de vanille liquide
- 20 cl de rhum
- 30 g de beurre
- 1 cuil. à café de cannelle
- 1 pincée de sel

Préparation : 15 min

Cuisson : 40 min

cidre brut ou doux

Préchauffer le four à 180 °C (th. 6).

Faire tremper les pruneaux dans 20 cl d'eau et le rhum.

Faire rapidement tiédir au micro-ondes le lait dans un récipient.

Dans un saladier, mettre la farine, y faire un puits, ajouter le sucre et la pincée de sel. Dans un bol, battre les œufs et les mettre au centre du puits.

Mélanger le tout délicatement et délayer comme pour faire une pâte à crêpe, en ajoutant petit à petit le lait tiède. La pâte doit être légère et sans grumeaux. Parfumer selon les goûts d'armagnac, de rhum ou de vanille liquide.

Beurrer un moule à manqué. Mettre les pruneaux égouttés dans le fond du moule. Verser le mélange par-dessus, saupoudrer de cannelle et parsemer de noisettes de beurre.

Enfourner pour 40 min de cuisson.

Consommer tiède de préférence.

Le conseil des Jules

- La recette est pour 8 personnes mais n'hésitez pas à en faire le double, il en manque toujours !

Fraises à la menthe et au sirop de poivre

Pour 8 personnes

- *1 kg de fraises gariguettes*
- *300 g de sucre en poudre*
- *1 petit bouquet de menthe poivrée*
- *2 cuil. à café de poivre concassé*
- *1 citron (jus)*

Préparation : 15 min

Cuisson : 15 min

coteaux-de-l'aubance (vallée de la Loire)

Mettre dans une casserole 60 cl d'eau. Ajouter le sucre et le poivre. Faire bouillir à gros bouillons jusqu'à l'obtention d'un sirop, soit pendant environ 15 min. Le sirop doit réduire et épaissir.

Laisser refroidir.

Laver très rapidement les fraises sous l'eau froide. Bien les égoutter.

Les équeuter et les couper dans la longueur en quatre. Les laisser entières si elles sont petites.

Les mettre dans un saladier avec le jus de citron et le sirop de poivre refroidi.

Couvrir, mettre au frais mais pas au froid.

Au moment de servir, ciseler les feuilles de menthe et en parsemer les fraises.

Servir avec un bon fromage blanc fermier.

Le conseil des Jules

- Vous pouvez préparer beaucoup plus de sirop de poivre et le garder dans une bouteille hermétique, au frais, pour vous en servir dans les semaines qui suivent.
- À la place de la menthe, vous pouvez utiliser, pour surprendre davantage vos invités, du basilic à petites feuilles ou de la verveine.

Fraises au chinon

Pour 8 personnes

- *1 kg de fraises*
- *1 litre de chinon (vin rouge)*
- *1 orange*
- *1 citron*
- *100 g de sucre en poudre*
- *2 bâtons de cannelle*
- *1 clou de girofle*
- *1 bouquet de menthe*

Préparation : 10 min

Cuisson : 26 min

chinon (vallée de la Loire)

Laver très rapidement les fraises, les équeuter et les mettre dans une passoire.

Prélever les zestes du citron et de l'orange et les faire blanchir dans une casserole d'eau bouillante pendant 3 min, puis bien les égoutter.

Faire chauffer le vin avec le clou de girofle, le sucre, la cannelle et les zestes d'agrumes.

Lorsque le vin bout, y plonger les fraises. Réduire le feu.

Laisser pocher 3 min, retirer les fraises et les mettre à refroidir dans des coupes ou dans un compotier.

Faire réduire le vin pendant 20 min à petit bouillon, filtrer et le verser froid sur les fraises.

Décorer avec les feuilles de menthe.

Garder au frais mais pas au froid.

Le conseil des Jules

- Pour compléter, vous pouvez servir avec un sorbet au citron.

Gaspacho de fruits rouges au pain d'épices

Pour 8 personnes

- 500 g de fraises
- 300 g de framboises
- 200 g de mûres
- 200 g de cassis
- 200 g de sucre en poudre
- 4 tranches de bon pain d'épices
- 1/2 citron (jus)
- 50 cl de glace au yaourt

Préparation : 10 min

Repos au frais : 2 h

saumur-champigny (vallée de la Loire)

Laver rapidement les fruits rouges et en réserver un quart pour la présentation.

Presser le demi-citron et verser le jus dans un grand saladier.

Ajouter les fruits rouges et le sucre dans le saladier et mixer soigneusement.

Mettre au réfrigérateur pendant 2 h.

Faire griller les tranches de pain d'épices au grille-pain et les découper en petits morceaux. Réserver.

Avant de servir, répartir le gaspacho de fruits rouges dans 8 coupes et déposer au centre une quenelle de glace au yaourt moulée entre 2 cuillères à soupe.

Répartir les fruits rouges mis de côté.

Parsemer de croûtons de pain d'épices et servir sans attendre.

Le conseil des Jules

- Vous pouvez remplacer le cassis par des groseilles et, en hiver, utiliser des sacs de mélanges de fruits rouges surgelés.

Gratin d'agrumes aux zestes confits

Pour 8 personnes

- 8 oranges
- 2 pamplemousses
- 2 gousses de vanille
- 4 jaunes d'œufs
- 4 cuil. à soupe de crème fraîche liquide
- 8 cuil. à soupe de sucre en poudre

Préparation : 25 min

Cuisson : 12 min

condrieu (vallée du Rhône) ou coteaux-du-layon (vallée de la Loire)

Prélever les zestes de 2 oranges et de 1 pamplemousse, puis les détailler en bâtonnets de 5 mm d'épaisseur.

Mettre les bâtonnets dans une casserole avec 3 cuil. à soupe de sucre en poudre et 6 cuil. à soupe d'eau froide, porter à ébullition et laisser cuire 5 min en remuant de temps en temps, puis égoutter.

Peler les oranges et les pamplemousses à vif en retirant scrupuleusement les petites peaux.

Couper les agrumes en tranches et les disposer dans un plat allant au micro-ondes.

Verser dans un saladier les jaunes d'œufs, les 5 cuil. à soupe de sucre en poudre restantes. Fendre les deux gousses de vanille dans la longueur et gratter les petites graines noires au-dessus des œufs. Avec le batteur il serait préférable d'utiliser de la vanille liquide.

Ajouter la crème fraîche et fouetter au batteur pour obtenir une crème mousseuse.

Napper les agrumes de cette préparation, répartir les zestes confits au-dessus.

Faire cuire 2 min au micro-ondes à la puissance maximale.

Servir immédiatement.

Le conseil des Jules

- Vous pouvez tout préparer à l'avance et ne faire la cuisson finale qu'au dernier moment.

Panacotta au coulis de pruneau

Pour 8 personnes

- **250 g de pruneaux dénoyautés**
- **80 cl de crème fraîche liquide**
- **70 g de sucre en poudre**
- **1 gousse de vanille**
- **6 feuilles de gélatine**
- **2 cuil. à soupe de kirsch ou de marc de Bourgogne**

Préparation : 15 min

Cuisson : 8 min

Repos au frais : 12 h

champagne ou sainte-croix-du-mont (Bordelais)

LA VEILLE

Dans une casserole, faire bouillir la crème fraîche avec le sucre et la gousse de vanille fendue en ayant gratté les petites graines noires avec la pointe d'un couteau.

Faire tremper les feuilles de gélatine dans un bol d'eau chaude, puis les essorer et les mélanger à la crème liquide encore chaude et mélanger vigoureusement.

Mouiller 8 ramequins avec un peu d'eau, les remplir équitablement avec la préparation et laisser refroidir avant de placer pour la nuit au réfrigérateur.

Laisser tremper les pruneaux toute la nuit dans un plat creux rempli d'eau.

LE JOUR MÊME

Égoutter les pruneaux puis les verser avec le kirsch dans un robot ou un mixeur et mixer soigneusement jusqu'à l'obtention d'un coulis un peu épais.

Ajouter 1 demi-verre d'eau si nécessaire pour obtenir la bonne consistance.

Démouler les 8 panacottas sur des assiettes et verser autour un cordon de coulis de pruneau.

Le conseil des Jules

- Si vous n'avez pas le temps, vous pouvez utiliser un coulis tout prêt, choisissez-en un à la framboise ou à l'abricot.

Pêches rôties et glace caramel au beurre salé

Pour 8 personnes

- 8 belles pêches jaunes
- 50 cl de glace caramel au beurre salé
- 100 g de beurre salé
- 100 g de sucre roux ou cassonade
- 1 citron (jus)
- 3 brindilles de thym citron
- 8 petits sablés

Préparation : 15 min

Cuisson : 10 min

quarts-de-chaume (vallée de la Loire)

Presser le citron.

Laver et sécher les brindilles de thym citron en prélevant quelques feuilles pour la décoration.

Porter à ébullition une grande casserole d'eau, ajouter les brindilles de thym citron et y plonger les pêches pendant 1 à 2 min.

Retirer les pêches, les passer sous l'eau froide puis les peler et les arroser du jus du citron.

Faire fondre le beurre salé dans une grande poêle et y faire rôtir les pêches en les saupoudrant de cassonade et en les roulant délicatement avec une cuillère en bois pour les faire dorer de toutes parts sans les abîmer.

Disposer une pêche dans chaque coupe et décorer avec les feuilles de thym.

Servir chaud avec une quenelle de glace au caramel déposée dans chaque coupe et un petit sablé.

(Le conseil des Jules)

- Vous pouvez remplacer la glace au caramel par une glace au thym et les petits sablés par des tuiles aux amandes.

Petites coupes au chocolat et à l'amande

Pour 8 personnes

- 120 g de très bon chocolat noir
- 180 g de poudre d'amande
- 2 œufs
- 12 cl de crème liquide
- 120 g de beurre salé
- 120 g de sucre en poudre
- 20 g de Maïzena

Préparation : 15 min

Cuisson : 10 min

banyuls (Roussillon)

Faire fondre le beurre au bain-marie sur le feu, ajouter la crème liquide et le chocolat en morceaux, remuer sans cesse pour obtenir une bonne consistance crémeuse.

Ajouter le sucre en poudre, la Maïzena, la poudre d'amande, remuer bien le tout.

Battre les œufs en omelette et, hors du feu, les ajouter au mélange.

Verser le mélange dans des petites coupes et les placer au réfrigérateur.

Servir frais, mais pas glacé.

Le conseil des Jules

- Vous pouvez préparer des œufs au chocolat : coupez le bout pointu de quelques œufs avec un coupe-œuf, videz-les et lavez les coquilles, remplissez-les de la crème au chocolat et refermer avec les hauts de coquilles réservés. Présentez dans des boîtes à œufs.
- Vous pouvez préparer les coupes la veille mais sortez-les du réfrigérateur au début du dîner.
- Accompagnez les coupes d'une jatte de fraises ou intercalez, dans les boîtes (si vous les présentez en œufs), œufs et kiwis.

Poires épicées pochées au pommeau

Pour 8 personnes

- *12 poires (conférence)*
- *50 cl de pommeau*
- *120 g de sucre*
- *1 bâton de cannelle*
- *2 clous de girofle*
- *1 gousse de vanille fendue*
- *1 orange*
- *1 citron*
- *2 pincées de piment d'Espelette*
- *1/2 cuil. à café de poivre du Sichuan*

Préparation : 10 min

Cuisson : 25 min

cidre brut ou champagne demi-sec

Peler les poires sans retirer la queue.

Dans une grande casserole, verser le pommeau et 50 cl d'eau. Ajouter tous les ingrédients sauf les zestes d'agrumes, ajouter les poires en les posant côte à côte. Il faut que le liquide les recouvre.

Laisser cuire à feu moyen et à découvert pendant 20 min. Vérifier la cuisson des poires et les retirer. Les réserver.

Faire réduire le sirop restant.

Avec un économe, prélever le zeste des agrumes. Les faire blanchir 5 min dans une casserole d'eau bouillante. Les égoutter, puis les ajouter.

Servir en compotier poires et sirop décorés avec les zestes.

Le conseil des Jules

- Servez à température ambiante et non pas à la sortie du réfrigérateur.
- Cette recette peut très bien se faire avec n'importe quel vin doux, monbazillac, pineau des Charentes, coteaux-du-layon et autres vins liquoreux.
- Vous pouvez aussi servir ces poires en coupes individuelles en rajoutant 1 boule de sorbet à la poire et quelques feuilles de menthe.

Sabayon au pommeau et sorbet pomme verte

Pour 8 personnes

- *3 pommes (granny smith)*
- *12 coquilles d'œufs de jus de pomme*
- *12 coquilles d'œufs de pommeau*
- *8 jaunes d'œufs*
- *4 coquilles d'œufs de sucre en poudre*
- *1 litre de sorbet pomme verte*

Préparation : 15 min

Cuisson : 15 min

riesling (Alsace)

L'œuf va vous servir de mesure : séparer les blancs des jaunes et garder une demi-coquille comme mesure.

Fouetter dans un saladier les jaunes d'œufs avec le sucre en poudre, le pommeau et le jus de pomme.

Faire chauffer une grande casserole à moitié remplie d'eau. Poser à l'intérieur une casserole plus petite, y verser le mélange au pommeau.

Fouetter sans cesse, sur feu moyen pour commencer, puis sur feu doux ensuite, jusqu'à ce que le mélange épaississe et devienne onctueux, pendant environ 10 à 15 min.

Couper les pommes en demi-rondelles sans les peler.

Présenter une boule de sorbet au centre de chaque assiette, entourée des demi-rondelles de pommes et du sabayon. Servir aussitôt sans laisser le temps au sorbet de fondre.

Le conseil des Jules

- Vous pouvez faire un sabayon avec n'importe quel alcool. Déclinez dans ce cas-là les variantes : par exemple, avec du pineau des Charentes, vous agrémenterez de grains de raisins pochés et d'une glace aux raisins.

Soupe de cerises au basilic

Pour 8 personnes

- 1 kg de cerises dénoyautées surgelées
- 500 g de sucre en poudre
- 1 petit bouquet de basilic
- 1/2 cuil. à café de poivre concassé
- 50 cl de sorbet aux fruits rouges
- 8 petits sablés

Préparation : 10 min

Décongélation : 2 h

Infusion : 45 min

Cuisson : 10 min

blanquette de Limoux (Languedoc)

Faire décongeler les cerises pendant 2 h minimum à température ambiante.

Laver rapidement le basilic sous l'eau froide et garder 8 petites feuilles pour la décoration.

Faire fondre le sucre dans 80 cl d'eau et porter à ébullition, éteindre le feu puis ajouter les feuilles de basilic et laisser infuser 45 min.

Retirer les feuilles de basilic et faire bouillir à nouveau en ajoutant les cerises décongelées et le poivre.

Une fois l'ébullition atteinte, éteindre le feu et laisser refroidir.

Servir la soupe de cerises dans des coupes avec, au centre, 1 quenelle de sorbet aux fruits rouges et 1 feuille de basilic.

Accompagner chaque coupe d'un sablé.

Le conseil des Jules

- Vous pouvez remplacer le basilic par du thym, mais surtout préparez ce dessert la veille.

Tarte meringuée aux groseilles

Pour 8 personnes

- 300 g de groseilles surgelées
- 125 g de poudre d'amande
- 1 pâte sablée pur beurre prête à dérouler
- 200 g de sucre en poudre
- 4 blancs d'œufs
- 2 cuil. à soupe de sucre glace
- 1 poignée de haricots secs

Préparation : 15 min

Cuisson : 50 à 55 min

champagne

Préchauffer le four à 210 °C (th. 7) pendant 10 min.

Étaler la pâte dans un moule à tarte, la recouvrir de papier sulfurisé et répartir en surface les haricots secs.

Enfourner et laisser cuire 15 min.

Sortir la tarte et baisser la température du four à 100 °C (th. 3-4).

Dans un saladier, mélanger 100 g de sucre en poudre aux groseilles encore surgelées.

Dans un autre saladier, battre les blancs en neige en incorporant le sucre en poudre restant.

Retirer le papier sulfurisé et les haricots de la pâte et verser la poudre d'amande sur le fond de tarte, puis étaler par-dessus les groseilles.

Couvrir avec les blancs en neige puis saupoudrer de sucre glace.

Enfourner à nouveau et laisser cuire 35 à 40 min.

Servir une fois refroidie.

(Le conseil des Jules)

- C'est encore meilleur avec une pâte sablée faite maison.

Terrine de roquefort aux fruits secs

Pour 8 personnes

- *150 g de roquefort*
- *50 g de raisins secs*
- *50 g de figues sèches*
- *50 g de pruneaux*
- *50 g d'abricots secs*
- *50 g de pignons de pin*
- *150 g de beurre*

Préparation : 15 min

Cuisson : 2 min

monbazillac (Sud-Ouest) ou sauternes (Bordelais)

Dans un saladier, écraser à la fourchette le beurre et le roquefort de manière à obtenir une pâte la plus lisse possible.

Détailler en mini-dés tous les fruits secs.

Dans une poêle antiadhésive, mettre à griller à sec les pignons de pin pendant 2 min à feu vif en remuant sans cesse.

Ajouter les fruits secs et les pignons au mélange beurre et roquefort. Mélanger.

Mettre dans une petite terrine, recouvrir de film alimentaire, et garder au frais jusqu'au moment de servir.

(Le conseil des Jules)

- Présentez avec un bon pain de campagne grillé.

Vacherin *miracle*

Pour 8 personnes

- 4 grosses meringues aux amandes
- 250 g de crème fraîche
- 4 œufs
- 125 g de sucre en poudre
- 1 cuil. à café de vanille liquide
- Coulis de fruit rouge

Préparation : 10 min

Congélation : 12 h

crémant-d'alsace

LA VEILLE

Séparer les blancs des jaunes. Monter les blancs d'œufs en neige très ferme.

Dans un saladier, bien mélanger les jaunes d'œufs, la crème fraîche, la vanille et le sucre.

Ajouter les blancs en neige et les mélanger doucement à la préparation.

Écraser en gros morceaux les meringues et les ajouter délicatement à l'appareil.

Verser la préparation dans un moule en plastique en forme de couronne. Mettre au congélateur 12 h au moins.

LE JOUR MÊME

Sortir du congélateur au moment du fromage et servir en dessert avec le coulis de fruit rouge.

Le conseil des Jules

- Vous devez préparer ce vacherin à l'avance, l'idéal étant la veille.
- Vous pouvez parfumer ce vacherin avec des pépites de chocolat et un chocolat chaud ou un extrait de café ; toutes les variantes sont possibles.
- Vous pouvez multiplier les quantités et avoir des vacherins en réserve au congélateur. Dans ce cas, utilisez des moules à cake et servez-le en tranches. Vous conservez ainsi ce qui n'a pas été utilisé.

Pour 8 personnes

300 g de bon chocolat noir
50 cl de crème fleurette
60 g de sucre glace
1 pincée de sel

Préparation : 15 min

Cuisson : 5 min

banyuls (Roussillon)

Verres de chocolat à la crème fouettée

Faire fondre le chocolat à feu doux dans une casserole avec 2 cuil. à soupe d'eau.

Une fois le chocolat fondu, le répartir équitablement dans 8 verres.

Sortir la crème fleurette du réfrigérateur, elle doit être très froide, et la verser dans un saladier avec la pincée de sel.

Battre la crème en ajoutant le sucre glace jusqu'à obtention d'une crème fouettée légère.

Répartir la crème dans les verres à l'aide d'une cuillère à soupe ou, mieux, d'une poche à douille.

Servir bien frais.

Le conseil des Jules

- Important : vous pouvez préparer le chocolat à l'avance mais la crème doit être fouettée juste avant le dîner.
- Pour faire plus chic, vous pouvez saupoudrer de copeaux de chocolat ou d'amandes effilées grillées.

Index

Index des recettes par produits

Index alphabétique des recettes

R

S

T

V

W

Remerciements

*Nous tenons à remercier
tout particulièrement nos femmes,
Charlotte et Ségolène, et nos fils,
Baptiste, Diego et Arthus,
qui testent les recettes depuis bien longtemps.*

*Un très grand merci aussi
à nos inspirateurs et inspiratrices :
Nadine, Véronique, Hélène, Aurore, Christine,
Emmanuel, Gabrielle, Isabelle, Nicolas,
Marie-Do, Geneviève, Claire, Pierre-Édouard,
Yolaine, Marie-France, Monique, Françoise, Laurence,
Jean-Baptiste, Lucile, Halima, Patti, Jacques,
Michelle et bien sûr Laure Paoli et Myrtille Chareyre…*

Christian de Rivière

Au bureau comme à la maison, Christian de Rivière reste le même : enjoué et épicurien, citadin et avide de nouveauté, raffiné et esthète, chaleureux et amical, cet éternel jeune homme de 40 ans aime faire la cuisine, en parler, en reparler encore et encore, la manger chez lui, chez les autres, au restaurant...

Comme il apprécie d'être entouré d'amis pour rire, taquiner et raconter des blagues, il aime les recevoir pour leur offrir une table conviviale, tant sur la forme que sur le fond !

À ses heures creuses (sans amis, sans pièce de théâtre, sans cuisine à faire, sans coup de téléphone...), il aime s'occuper de son ravissant bambin et de sa jolie femme qu'il a enfin dénichée après de nombreuses années de quête...

*La sélection des vins de toutes nos recettes a été faite par notre ami **Baudoin Lacoste**. Amoureux de la vie et de l'art d'y vivre, Baudoin a créé une société consacrée à l'art de vivre autour du vin, du beau et du bon !*

N'hésitez pas à le contacter pour organiser voyages, soirées, événements ou tout autre projet où le vin et l'art du bien vivre sont réunis.

*Vous pouvez contacter Baudoin Lacoste à l'agence **Allegria**, « l'agence de l'art de vivre » :*

http://www.allegria.fr

28 rue des Petites-Écuries
75010 Paris
Tél. : 01 42 46 70 00

Charles-Henry de Valbray

Marié, 2 enfants, propriétaire du château de Saint-Paterne en Normandie, il décida en 1988 de transformer sa propriété familiale en une sorte de « maison d'hôtel », à mi-chemin entre l'hôtel de charme et la maison d'hôte luxueuse.

Il est lui-même derrière les fourneaux, mêlant produits fermiers locaux et légumes en provenance du potager du château. Sa cuisine a l'accent de son midi natal, la richesse de sa Normandie d'adoption et quelques pincées d'exotisme, influence des nombreux pays dans lesquels il passe chaque hiver.

Il organise régulièrement au sein de sa propriété, mais aussi au Maroc, au Vietnam ou en France, des séjours dédiés à l'art de vivre mêlant cours de cuisine et découverte de lieux secrets qu'il a nommés « Les liaisons délicieuses ».

C'est en grande partie chez lui, au cours de nombreux et joyeux week-ends entre Jules, que la plupart des recettes des *Jules aux Fourneaux* et de *Un plat, c'est tout !* ont été testées.

Bienvenue au château de Saint-Paterne

À 2 heures de Paris, venez passer des séjours gourmands au château de Saint-Paterne. Charles-Henry et Ségolène de Valbray vous accueillent dans ce château familial du xve siècle situé aux portes du Perche qu'ils ont transformé en une charmante maison d'hôte.

Visitez le château sur le site **http://www.chateau-saintpaterne.com**

Château de Saint-Paterne 72610 Saint-Paterne – Tél. : +33 (0) 2 33 27 54 71

chateaudesaintpaterne@wanadoo.fr

Aux éditions Albin Michel

LE Livre de cuisine
Ils arrivent dans 1 heure !
Andrée Zana-Murat

Ce soir on dîne à la maison
Andrée Zana-Murat / Marion Scali

À préparer en 15 minutes maxi
Anne-Cécile Sarfati

Le Vin se met à table
Sandrine Audegond

Mieux manger avec nos enfants
Sylvie Aubonnet-Caupin

Les Écrivains aux fourneaux
Patricia Lepic

Le Poisson pris dans ses filets
Moi, je cuisine solo ou duo !
Moi, je cuisine vert et gourmand
Brigitte Namour

La Cuisine de Julie
La Cuisine expliquée à ma mère
Tout cru
Julie Andrieu

Moi, je prépare tous mes dîners la veille
Dominique Combet

Petits riens, grands festins
Antoine Herbez

Les Charlottes de Charlotte
Charlotte Boistel-Bombeke

Du poulet, s'il vous plaît !
Catherine Lacouberie

L'Œuf, comme il vous plaira !
Yette Deblicker / Sylvie Jolly

Sauce qui peut
Nicolas Vigne

Moi, je cuisine sans sel mais avec saveur
Nicole H.-Rimbault

Je sais cuisiner
Je sais faire les conserves
Je sais faire la pâtisserie
Ginette Mathiot

Les Plats du jour de Lulu
Lucette Rousseau

La Grande cuisine française casher

Michel Gottdiener

La Saison des confitures

Véronique Le Normand

Caprices de chocolat

Frédéric Bau

Ma Cuisine

Alain Dutournier

Mes recettes de terroir
Bernard Loiseau cuisine en famille
Mes bons petits plats faciles et pas chers

Bernard Loiseau

Georges Blanc cuisine en famille

Georges Blanc

Jacques Maximin cuisine les légumes

Jacques Maximin / Martine Jolly

Collection « De mère en fille »

La Cuisine marocaine

Touria Agourram

La Cuisine provençale

Marion Payan

La Cuisine italienne
Leda Vigliardi Paravia

La Cuisine juive tunisienne
Andrée Zana-Murat

La Cuisine indienne
Anjali Mendès

La Cuisine corse
Sabine Cassel-Lanfranchi

Collection « Une petite faim »

Divines, les tartines !
Craquants, les croustillants !
Vite faites, les omelettes !
Brigitte Namour

Légères, les salades d'hiver !
Colorées, les purées !
Ensoleillées, les salades d'été !
Sandrine Audegond

Toutes douces, les mousses !
Vite prêtes, les boulettes et galettes !
Légers, les soufflés !
Sans chichis, les farcis !
Catherine Lacouberie

Conception graphique : Marie Pinaux
Conception de la couverture : Stéphanie Le Bihan
Réalisation : Bénédicte Chantalou / Yuruga

Pour des raisons de lisibilité, nous avons choisi d'écrire les marques déposées avec une majuscule, sans les faire suivre du signe ®.

Éditions Albin Michel
22 rue Huyghens 75014 Paris
www.albin-michel.fr

Achevé d'imprimer en France sur les presses de Pollina

ISBN : 2-226-15764-6
Dépôt légal : octobre 2005
N° d'édition : 23685
N° d'impression : L97833